Dr. Illya Kozyrev

Mein Weg zur Grammatik - B1

Übungen A2-B1 für Integrationskurse Deutsch als Fremdsprache

Bibliografische Information der Deutschen Nationalbibliothek: Die Deutsche Nationalbibliothek verzeichnet diese Publikation in der Deutschen Nationalbibliografie; detaillierte bibliografische Daten sind im Internet über http://dnb.dnb.de abrufbar.

© 2019 Dr. Illya Kozyrev
2. Auflage

Herstellung und Verlag:
BoD – Books on Demand, Norderstedt

ISBN 9 783 752 866 186

Automatisierung der

grammatikalischen Formen

*****

Der Weg zum Erfolg in

Ihrer Sprachprüfung

4

Inhaltsverzeichnis

Übung 1 Trennbare Verben
Ergänzen Sie bitte diese Sätze mit den trennbaren Verben.
Beachten Sie dabei, dass das trennbare Präfix ans Ende des Satzes geht.

1. Du _____ um 8 Uhr _____ (aufstehen).

2. Papa _____ die Kaffeemaschine _____ (einschalten).

3. Christian _____ um 8.00 Uhr _____ (aufwachen).

4. Julia _____ sich neue Schuhe _____ (aussuchen).

5. Du _____ in die U-Bahn _____ (einsteigen).

6. Er _____ seinen Computer _____ (ausschalten).

7. Du _____ bei REWE _____ (einkaufen).

8. Christian _____ von Würzburg nach Ingolstadt _____ (umziehen).

9. Er _____ Ende Juli _____ (ausziehen).

10. Julia _____ Anfang September in ihre neue Wohnung _____ (einziehen).

11. Claudia _____ einen Zettel _____ (aufhängen).

12. Er _____ einen Zettel _____ (aufhängen).

13. Klaus _____ am Ebertplatz in die Linie 9 _____ (einsteigen).

14. Er _____ am Neumarkt _____ (aussteigen).

15. Unsere Mama _____ das Fenster im Wohnzimmer _____ (aufmachen).

16. Angela _____ um 8 Uhr _____ (aufstehen).

17. Um wie viel Uhr _____ du _____? (aufstehen).

18. Wie oft _____ du deine Eltern _____? (anrufen).

19. Viele Fahrgäste _____ in Nürnberg _____ (aussteigen).

20. Wir _____ die Übung _____ (weiterlesen).

21. Warum _____ du den Text nicht _____? (weiterlesen).

22. Die Familie Schuster _____ in Dresden um 14.30 Uhr _____ (ankommen).

23. Die Müllers _____ über Osnabrück nach Oldenburg _____ (weiterfahren).

24. Stefan _____ die Kartons _____ (hochtragen).

25. Tim und Heike _____ bald in die neue Wohnung _____ (einziehen).

26. Sabine _____ ihre neue Winterjacke _____ (anziehen).

27. Unser Flugzeug _____ um 19 Uhr am Flughafen _____ (ankommen).

28. Wolfgang _____ sich in einem Fitnessstudio _____ (anmelden).

29. Am Samstag _____ wir nach Paderborn _____ (zurückkommen).

30. Frau Schilling _____ ihr Geschirr _____ (abtrocknen).

Übung 2   Nominativ/Dativ/Akkusativ (Teil 1). Ergänzen Sie bitte diese Sätze.

1. Das ist ein____ Mann, ein____ Frau, ein____ Mädchen, mein____ Mann, mein____ Frau,
   unser____ Tochter, sein____ Tochter.

2. Du telefonierst mit ein_____ Mann, ein_____ Frau, ein_____ Mädchen, ein_____
   Nachbarin, ein_____ Kollegin, ein_____ Freund.

3. Ich sehe ein_____ Mann, ein_____ Frau, ein_____ Kind, ein_____ Nachbarin, ein_____
   Lehrer, ein_____ Freund, ein_____ Freundin, ein_____ Mädchen.

4. Das ist ein_____ Haus, mein_____ Haus, sein_____ Haus, mein_____ Büro, sein_____
   Büro, mein_____ Schule, sein_____ Schule, ein_____ Geschäft.

5. Du fährst mit ein_____ Fahrrad, mit d_____ Fahrrad, mit ein_____ Bus, mit d_____ Bus,
   mit d_____ U-Bahn.

6. Er telefoniert mit sein_____ Chef, mit sein_____ Chefin, mit ihr_____ Bruder, mit
   ein_____ Freund, mit unser_____ Onkel, mit ein_____ Handwerker, mit ein_____ Arzt,
   mit sein_____ Ärztin, mit unser_____ Sohn.

7. Er geht mit sein_____ Kind und sein_____ Frau in d_____ Park.

8. Das ist mein_____ Sohn und das ist mein_____ Tochter.

9. Wir fliegen mit d_____ Flugzeug in _____ Urlaub.

10. Du fährst mit d_____ Auto von____ Schule nach Hause und ich fahre mit d_____ Bahn
    von d_____ Schule nach Hause.

11. Das ist mein_____ Lehrer. Ich spreche mit mein_____ Lehrer über d_____ Wetter.

12. Sie telefoniert mit ihr_____ Schwester.

13. Nach d_____ Arbeit gehe ich zu mein_____ Bruder.

14. Er telefoniert mit sein_____ Chef, mit sein_____ Chefin, mit ihr_____ Bruder, mit
    ihr_____ Onkel.

15. Das ist mein_____ Haus, mein _____ Mann, mein_____ Vater, mein_____ Kollegin, mein_____ Nichte.

16. Er geht in _____ Park, in _____ Schule, in _____ Theater, in _____ Museum, in _____ Kneipe.

17. Er kommt aus _____ Theater, aus _____ Kaufhaus, aus _____ Schule, aus _____ Türkei, aus _____ Spanien, aus _____ Ukraine, aus _____ Bayern, aus _____ Tschechien, aus _____ Frankreich, aus _____ Iran, aus _____ Polen, aus _____ Indien.

18. Ich gebe mein_____ Bruder, mein_____ Schwester, mein_____ Sohn, mein_____ Vater das Buch.

19. Das ist mein_____ Onkel. Ich spreche mit mein_____ Onkel über _____ Wetter.

20. Nach _____ Abendessen gehen wir zum Fernsehen in_____ Wohnzimmer.

21. Die Mettenmeiers gehen mit ihr_____ Tochter in _____ Park.

22. Sie gehen mit ihr_____ Tochter und mit ihr_____ Hund spazieren.

23. Das Buch liegt auf _____ Tisch _____ Wohnzimmer.

24. Er arbeitet auf _____ Montage in der Nähe von _____ Düsseldorf.

25. Du kommst aus _____ Slowakei und fliegst nach _____ Spanien.

26. Meine Brille liegt in _____ Tasche i____ Wohnzimmer.

27. Ich gehe jetzt in____ Kino und danach zu____ Hauptbahnhof.

28. Du fährst mit _____ Fahrrad und ich fahre mit _____ Zug.

29. Er telefoniert mit sein_____ Vater aus _____ Büro.

30. Nach _____ Arbeit fahre ich zu____ Kindergarten.

31. Ich gehe mit mein_____ Tochter und mit mein_____ Sohn zu____ See.

32. In unser_____ Wohnung essen wir ein_____ Salat.

33. Nach _____ Abendessen gehen wir in _____ Disco und nach _____ Disco gehen wir in____ Bett.

34. Meine Freundin kommt aus _____ Iran. Sie sagt, dass das Wetter ____ Iran immer gut ist.

35. Wir fliegen in _____ Schweiz, in _____ Schweiz ist das Wetter auch meistens schön.

36. Ich komme aus _____ Spanien und Elena kommt aus _____ Ukraine.

37. Ist das Wetter in _____ Ukraine auch immer gut?

38. Ich fliege in _____ Türkei. In_____ Türkei scheint immer die Sonne.

39. Er fährt mit _____ ICE in _____ Schweiz. Von _____ Schweiz fährt er in _____ Slowakei.

40. Ich fliege mit mein_____ Tochter in _____ Mongolei.

Übung 3   Ergänzen Sie bitte diese Sätze mit „nach" / „aber" / „denn" / „und".

1. Wir fahren am Wochenende _____ Düsseldorf oder _____ Köln.

2. Ich esse gerne Wurst, _____ ohne Brötchen.

3. Er geht zum Arzt, _____ er ist krank.

4. Ich möchte eine große _____ günstige Wohnung haben, _____ leider finde ich keine.

5. Die deutsche Sprache ist sehr schön, _____ sehr schwierig.

6. Er backt eine Torte, _____ er bekommt heute Gäste.

7. Er fliegt _____ München _____ besucht dort seine Eltern.

8. Stefan bleibt heute zu Hause, _____ er ist krank.

9. Maximilian kauft einen Blumenstrauß, _____ seine Mutter hat heute Geburtstag.

10. Süßigkeiten sind sehr lecker, _____ ungesund.

Übung 4   Perfekt. Ergänzen Sie bitte diese Sätze. Entscheiden Sie, in welchen Sätzen das Hilfsverb „sein" und in welchen Sätzen das Hilfsverb „haben" verwendet wird.

1. Er _____ um 22 Uhr _____ (einschlafen).

2. Peter _____ mit seiner Schwester _____ (telefonieren).

3. Wir _____ mit der U-Bahn zum Barbarossaplatz _____ (fahren).

4. Unser Flugzeug _____ am Flughafen Köln-Bonn _____ (landen).

5. Meine Oma _____ einen leckeren Käsekuchen _____ (backen).

6. Walter _____ nach Rom _____ (fliegen).

7. Barbara _____ mich zum Geburtstag _____ (einladen).

8. Wir _____ am letzten Freitag nach St. Petersburg _____ (fliegen).

9. Er _____ seine Oma in Bielefeld _____ (besuchen).

10. Sabine _____ mit ihren Eltern ein Picknick _____ (machen).

11. Udo _____ mich zum Abendessen _____ (einladen).

12. Wir _____ bereits zweimal miteinander _____ (telefonieren).

13. Du _____ von Leverkusen nach Aachen _____ (umziehen).

14. Wir _____ viele neue Wörter _____ (lernen).

15. In unserem Urlaub in Spanien _____ wir viele Städte _____ (besuchen).

16. Im letzten Jahr _____ wir in Paris _____ (sein).

17. Gestern Abend _____ ich fast eine Stunde lang mit meiner Mutter _____ (telefonieren).

18. Als wir im letzten Sommer in Dresden waren, _____ wir viele Sehenswürdigkeiten _____ (besichtigen).

19. Ich _____ alle neuen Wörter für den Test _____ (lernen).

20. Stefan _____ mir eine lange SMS _____ (schreiben).

21. Uli _____ am letzten Wochenende nach Moskau _____ (fliegen).

22. Ralph _____ mir gestern eine wichtige Mail _____ (senden).

23. Timo _____ mir von seinem Aufenthalt in Südafrika _____ (berichten).

24. Ich _____ gestern erst um 7.30 Uhr _____ (aufwachen).

25. Irmgard _____ 50 Freunde zu ihrem 50. Geburtstag _____ (einladen).

26. In meinem letzten Urlaub _____ ich die ganze Zeit krank _____ (sein).

27. Ich _____ mich oft an meine Kindheit _____ (erinnern).

28. Nach dem Konzert _____ ich um 20 Uhr nach Hause _____ (gehen).

29. Wolfgang _____ um 7.00 Uhr _____ (aufwachen).

30. Der Film _____ zwei Stunden _____ (dauern).

31. Wir _____ gestern Abend einen interessanten Film _____ (sehen).

32. Rudi _____ ein neues Handy für seine Tochter _____ (kaufen).

33. Unser Lehrer _____ in der Pause das Fenster _____ (aufmachen).

34. Kathrin _____ ihre gemütliche Wohnung am Wochenende _____ (aufräumen).

35. Stefan und Gabi _____ am letzten Freitag ihre Hochzeit _____ (feiern).

36. Mein Opa _____ mein altes Fahrrad _____ (reparieren).

37. _____ du den Weihnachtsmarkt in Nürnberg _____? (besuchen).

38. Silke _____ nach Athen _____ (fliegen).

39. Uli _____ eine Fahrkarte nach Würzburg _____ (kaufen).

40. Ich _____ meiner Mutter zum Geburtstag einen Blumenstrauß _____ (schenken).

41. Otto _____ uns zu einem leckeren bayrischen Abendessen _____ (einladen).

42. In unserem Urlaub in Italien _____ wir viele nette Menschen _____ (kennenlernen).

43. Die Weißwurst in München _____ uns sehr gut _____ (schmecken).

44. Meine Oma _____ früher öfters leckere Kekse _____ (backen).

45. Gestern war ich krank und _____ zu Hause _____ (bleiben).

46. Wie lange _____ ihr in Düsseldorf _____? (wohnen).

47. Claudia _____ von ihrer Reise nach Ostfriesland _____ (erzählen).

48. _____ du die SMS von Alex _____? (bekommen).

49. Ich _____ mich sehr über deine Einladung _____ (freuen).

50. Ich _____ einen Brief von meinem Bruder _____ (bekommen).

51. Luisa _____ ein interessantes Buch von Thomas Mann _____ (lesen).

52. _____ Sie in Wien die Sachertorte _____? (probieren).

53. Lucia _____ einen leckeren Salat _____ (zubereiten).

54. Christian _____ nach Rom _____ (fliegen).

55. Der Polizist _____ ihn über seine Rechte _____ (informieren).

56. Am Neumarkt _____ ich aus der Linie 7 _____ (aussteigen).

57. Im letzten September _____ ich meine Verwandten in Bayern _____ (besuchen) und ich _____ Schloss Linderhof _____ (besichtigen)

Übung 5   <u>Ergänzen Sie die Verben im Perfekt.</u>

Liebe Eva,

wir haben uns so lange nicht _____ (1.sehen). Wie geht es dir denn? Bei mir gibt es

etwas Neues! Ich glaube, ich _____ mich _____ (2.verlieben). Am letzten

Freitag _____ ich nach der Uni mit der U-Bahn nach Hause _____ (3.fahren).

In der U-Bahn _____ ich einen sympathischen Mann _____ (4.sehen). Er

_____ mich die ganze Zeit _____ (5.anschauen) und mich immer wieder sehr

nett _____ (6.anlächeln). Dann _____ er mich _____

(7.fragen), ob ich aus München komme. Ich _____ ja _____ (8.sagen).

Er_____ mir schließlich seine Handynummer _____ (9.geben) und _____

mich für nächsten Sonntag zum Abendessen _____ (10.einladen). Er _____ mir

_____ (11.erzählen), dass er Lucas heißt.

Am Stachus _____ ich aus der U-Bahn _____ (12.aussteigen) und _____

mich von ihm _____ (13.verabschieden). Gestern Abend _____ ich Lucas

_____ (14.anrufen). Wir _____ eine Stunde lang _____

(15.telefonieren). Lucas _____ mir alles über sein Leben _____ (16.erzählen). Er

_____ mir von seinem Aufenthalt in Niedersachsen _____ (17.berichten) und

_____ von seinem Studium in Oldenburg _____ (18.schwärmen). Nach dem

Gespräch mit ihm _____ ich sofort _____ (19.einschlafen) und _____ sehr lange

_____ (20.schlafen). Heute Morgen _____ ich um 8 Uhr _____

(21.aufwachen). Mein Wecker _____ mich _____ (22.wecken). In meinem

Handy _____ ich eine liebe SMS von Lucas _____ (23.entdecken). Er _____

mir _____ (24.schreiben), dass er sich über unser Treffen in der U-Bahn sehr

_____ _____ (25.freuen). Ich bin sehr auf das nächste Treffen mit ihm

gespannt. Jetzt muss ich Schluss machen und noch eine Präsentation für die Uni vorbereiten.

Lass bald von dir hören!

Deine Barbara

Übung 6   Ergänzen Sie mit Modalverben.

Beispiel: Ich _____ gut kochen.
Lösung: Ich kann gut kochen.

1. Meine Frau _____ leider nicht kochen. Dafür _____ meine Mutter hervorragend kochen.

2. Als Kind _____ ich wunderbar singen. Jetzt _____ ich wie damals singen _____, aber es geht leider nicht.

3. Alle, die Geld verdienen, _____ Steuern zahlen.

4. Alle Kinder in Deutschland _____ in die Schule gehen, das nennt man Schulpflicht.

5. Für mich _____ es rote Rosen regnen, mir _____ sämtliche Wunder begegnen.

6. Kinder _____ nicht rauchen.

7. _____ du am Wochenende arbeiten? – Ja, ich _____ leider sowohl am Samstag als auch am Sonntag arbeiten.

8. _____ du mir bitte deinen Kugelschreiber kurz geben? – Ja gerne, du _____ ihn auch behalten, ich brauche ihn nicht.

9. Ich _____ heute leider nicht in die Disco kommen, ich _____ lernen, weil ich morgen einen wichtigen Test schreibe.

10. Guten Tag, _____ ich Ihnen helfen?

11. Guten Tag, _____ ich Ihnen behilflich sein?

12. _____ Sie noch etwas trinken?

13. Meine Oma _____ wunderbar kochen und backen, meine Frau _____ in der Küche nichts machen.

14. Entschuldigung, ich _____ noch eine Tasse Kaffee, bitte.

15. Mein Arzt sagt, ich _____ unbedingt diese neuen Tabletten einnehmen.

16. Es ist ein dummes Klischee, wenn jemand behauptet, dass Frauen schlechter Auto fahren _____ als Männer.

17. Der Polizist sagt, ich _____ hier nicht so schnell fahren. Jetzt _____ ich eine Strafe zahlen.

18. Um in die USA fliegen zu _____, _____ man ein Visum haben. Ohne Visum _____ man dort nicht einreisen.

19. Meine Mutter fragt mich schon zum zehnten Mal, ob ich Hunger habe und noch etwas essen _____, aber ich bin vollkommen satt.

20. Ich spreche noch nicht so gut Deutsch, aber ich _____ schon vieles verstehen.

Übung 7 Verben mit Präpositionen.
Ergänzen Sie die Präpositionen und die Fragen, die der schwerhörige Opa stellt!

1. Ich freue mich auf den Urlaub. - Worauf freust du dich?
2. Ich unterhalte mich gern _____ meinem Kind. - _____ unterhältst du dich gern?
3. Ich spiele gern _____ meinem Handy. - _____ spielst du gern?
4. Stefan achtet sehr _____ seine Haare. - _____ achtet Stefan sehr?
5. Unsere Politiker engagieren sich _____ die Rechte der Kinder. - _____ engagieren sie sich?
6. Ich freue mich _____ den Urlaub im nächsten Monat. - _____ freust du dich?
7. Ich bewerbe mich _____ einen neuen Job. - _____ bewirbst du dich?
8. Christian denkt oft _____ seine Eltern. - _____ denkt Christian oft?
9. Wir warten seit 20 Minuten _____ unseren Zug. - _____ wartet ihr?
10. Wir unterhalten uns gern _____ unserem Lehrer _____ die Geschichte. - _____ wem unterhaltet ihr euch gern und _____?
11. Du denkst oft _____ deine Kinder. - _____ denke ich oft?
12. Meine Oma hat sich immer _____ mich gekümmert. - _____ hat sich deine Oma gekümmert?
13. Ich mache mir Sorgen _____ meine Eltern. - _____ machst du dir Sorgen?
14. Mein Cocktail besteht _____ Wasser und Saft. - _____ besteht dein Cocktail?
15. Ich chatte oft _____ meiner Schwester. - _____ chattest du oft?
16. Silke bereitet sich _____ die Prüfung vor. - _____ bereitet sich Silke vor?
17. Walter hofft _____ eine gute Zukunft für seine Kinder. - _____ hofft Walter?
18. Stefan wartet zu Hause _____ seine Eltern. - _____ wartet Stefan?
19. Julia wartet schon eine halbe Stunde lang _____ ihre Bahn. - _____ wartet Julia?
20. Ich denke oft _____ meine Zukunft. - _____ denkst du oft?
21. Ich hoffe _____ gutes Wetter am Wochenende. - _____ hoffst du?
22. Ich sende eine Mail _____ meinen Bruder. - _____ sendest du die Mail?
23. Meine Mutter engagiert sich _____ arme Kinder. - _____ engagiert sich deine Mutter?
24. Wir fahren _____ dem Taxi zum Hauptbahnhof. - _____ fahren wir zum Hbf?
25. Ich habe gestern _____ der Hotline meines Internetanbieters telefoniert. - _____ hast du telefoniert?
26. Ich telefoniere oft _____ meinen Großeltern. - _____ telefonierst du oft?
27. Meine Cousine achtet sehr _____ ihren Körper und _____ ihre Ernährung. - _____ achtet deine Cousine?
28. Ich interessiere mich _____ moderne Kunst. - _____ interessierst du dich?
29. Mein Arzt sagt, ich muss besser _____ meine Zähne achten. - _____ musst du besser achten?
30. Claudia bereitet sich _____ die Prüfung vor. - _____ bereitet sich Claudia vor?

Übung 8 Ergänzen Sie die Sätze mit Präpositionen.

      Beispiel: Ich habe mich vor einem halben Jahr **um** eine neue Stelle beworben.

1. Ich bin 45 Jahre alt und habe mich noch nie _____ eine Stelle beworben.
2. Linda achtet sehr _____ gute Kleidung.
3. Alex ärgert sich _____ seinen Kollegen.
4. Stefan setzt sich _____ den Tierschutz ein.
5. Wir stellen uns _____ gutes Wetter am Wochenende ein.
6. Erinnern Sie sich _____ Ihre Kindheit?
7. Du hoffst _____ eine gute Note bei der Sprachprüfung.
8. Christian denkt oft _____ sein Leben nach.
9. Wir bedanken uns _____ unserem Lehrer.
10. Sandra wohnt _____ ihren Eltern zusammen.
11. Der neue BMW fährt _____ meinem Haus vorbei.
12. Wir streiten uns nie _____ unseren Nachbarn.
13. Meine Mutter experimentiert gerne _____ Haarfarben.
14. Ich richte mich _____ dir.
15. Der Salat riecht _____ Olivenöl.
16. Die Handschuhe schützen _____ der Kälte.
17. Die Sonnencreme schützt _____ der Sonne.
18. Irmgard streitet sich oft _____ ihren Schwestern.
19. Viele Künstler mussten _____ Nazis ins Ausland fliehen.
20. Du riechst _____ Zwiebeln.
21. Ich erinnere mich gern _____ meinen letzten Urlaub.
22. Herr Schmitz beschwert sich _____ seinem Vermieter.
23. Thomas bedankt sich _____ seinen Eltern für das Geschenk.
24. Ich erinnere mich nicht _____ diese Wörter.
25. Ich achte _____ mein Aussehen.
26. Ich freue mich _____ den Urlaub in Spanien.
27. Ich diskutiere ungern _____ meinem Vater.
28. Ich kämpfe _____ den Rassismus.
29. Ich engagiere mich _____ meine Kirchengemeinde.
30. Unsere Politiker kämpfen _____ Intoleranz.
31. Ich kümmere mich _____ meine alte, alleinstehende Nachbarin.
32. Mark ärgert sich _____ seinen Chef.
33. Ich kämpfe _____ mehr Toleranz in unserer Gesellschaft.
34. Ich beschwere mich _____ der Rezeptionistin.
35. Ich achte immer _____ meine Kinder.
36. Ich bedanke mich _____ meinen lieben Freunden _____ das tolle Geschenk.
37. Peter ärgert sich _____ seine Schwester.
38. Ich streite mich ungern _____ meiner Frau.
39. Ich hoffe _____ eine gute Zukunft für meine Kinder.
40. Die Sonne wirkt sich negativ _____ die Haut der Menschen aus.

41. Ich suche schon sehr lange _____ einer Erklärung für dieses Phänomen.
42. Herr Miller, mit diesem Brief wende ich mich _____ Sie in einer wichtigen Angelegenheit.
43. Man schätzt die Bevölkerung von Deutschland _____ über 80 Millionen Menschen.
44. Koffein wirkt sich negativ _____ unser Nervensystem aus.
45. Die Firma „LLLL" profitiert _____ den niedrigen Ölpreisen.
46. Unser Oberbürgermeister wendet sich _____ alle Bürger.

Übung 9   Ergänzen Sie „wenn" oder „wann".

1. _____ ich morgens in die Schule gehe, höre ich meine Lieblingsmusik.
2. _____ ich nichts im Kühlschrank habe, esse ich bei meinen Eltern.
3. Meine Mutter hat mich gefragt, _____ ich sie endlich wieder besuche.
4. _____ ich früh aufstehen muss, gehe ich früh ins Bett.
5. _____ musst du morgen aufstehen? – Um 7 Uhr.
6. _____ Sie geweckt werden möchten, sollten Sie mir die genaue Zeit sagen.
7. _____ du weiterhin nichts lernst, wirst du die Prüfung nicht bestehen.
8. _____ hat dich dein Bruder gestern angerufen?
9. Ich kann dir nicht mehr genau sagen, _____ wir gestern nach Hause gekommen sind. Es war jedenfalls sehr spät.
10. Mein Chef hat mich gefragt, _____ ich zum letzten Mal eine Dienstreise gemacht habe.
11. _____ du gesund sein willst, solltest du auf deine Ernährung achten.
12. Schreib bitte unseren Eltern, _____ wir in Ulm ankommen. _____ sie Zeit haben, sollen sie uns vom Bahnhof abholen.
13. _____ ich müde bin, höre ich klassische Musik und schalte mein Handy aus.
14. _____ du mit deinem eigenen Unternehmen nicht jetzt beginnst, _____ dann?
15. Ich weiß nicht mehr _____ die Party beginnt, ich glaube um 20 Uhr.
16. _____ hast du Johanna zum letzten Mal gesehen? – Ich glaube es war im letzten Sommer.
17. _____ du weiterhin so viel isst, wirst du genau so dick werden wie Frau Müller von nebenan.
18. _____ ich meinen Geburtstag feiere, lade ich alle meine Freunde ein.
19. Könntest du mir genau sagen, _____ der Film zu Ende ist?
20. _____ du weiterhin fleißig arbeitest, wirst du eine große Karriere machen.
21. Robert weiß auch nicht, _____ unser bestelltes Essen endlich kommt.
22. Ich würde gerne wissen, _____ Ihre Kollegin sich bei mir endlich melden wird.
23. Könnten Sie mir bitte sagen, _____ der nächste Zug nach Lindau geht?
24. _____ du traurig bist, schalte deine Lieblings-CD ein und iss ein bißchen Schokolade.
25. _____ warst du das letzte Mal in Berlin? – Im Mai.
26. _____ ich alte Lieder von Hildegard Knef höre, werde ich an meine Oma erinnert.

27. _____ ich eine Party organisiere, fange ich schon vier Wochen vorher mit der Planung an.

28. Meine Frau fragt mich jeden Tag, _____ ich endlich anfange, selbst etwas zu kochen.

29. _____ man krank ist, sollte man besser zu Hause im Bett bleiben.

30. _____ du mir nicht mehr vertraust, sag es mir bitte direkt.

31. Ich habe unseren Sohn bereits zweimal gefragt, _____ er vorhat, uns zu besuchen.

32. _____ man zu viel arbeitet, hat man zu wenig Zeit für die Familie.

33. Unser kleiner Jonas möchte wissen, _____ der Weihnachtsmann zu ihm kommt.

34. Meine Schwester trinkt immer Zitronentee mit viel Honig, _____ sie erkältet ist.

35. Unsere Großeltern haben immer gesagt, _____ wir nicht brav sind, wird uns der Osterhase keine Schokoladeneier bringen.

36. _____ das Wetter gut ist, habe ich gute Laune.

37. _____ du am Wochenende Zeit hast, kannst du gerne mit uns nach Passau fahren.

38. _____ du mir nicht mehr vertraust, möchte ich nicht mehr dein Freund sein.

39. _____ Sie Herrn Stitz wieder sehen, bestellen Sie ihm schöne Grüße von mir.

40. Könntest du bitte deinen Bruder fragen, _____ sein Vortrag in der Schule beginnt?

41. Ich bin glücklich, _____ meine Kinder glücklich sind.

42. Er fragt mich immer wieder, _____ ich ihn besuchen möchte.

43. _____ du meine Hilfe brauchst, gib mir bitte Bescheid.

44. Könntest du mir bitte nochmal sagen, _____ und wo wir uns treffen?

45. _____ beginnt das Konzert?

Übung 10 Schreiben Sie Sätze mit „während" wie im Beispiel:

Ich stehe in der Küche und koche / mein Mann liegt auf dem Sofa und guckt Fußball.

Während ich in der Küche stehe und koche, liegt mein Mann auf dem Sofa und guckt Fußball.

Stefan isst gern Fleisch / Christian isst gerne Fisch.

_____

Elke hört gern klassische Musik / Jonas liebt Popmusik.

_____

Ich bin im Büro / mein Mann liegt mit Fieber im Bett.

_____

Ich fahre gern mit dem Auto / mein Mann fliegt gern.

_____

Stefan mag den Sommer / Antonia liebt den kalten Winter.

_____

Ich bin von 14 bis 16 Uhr im Fitnessstudio / meine Frau spielt mit den Kindern.

_____

Ich fliege gerne in warme Länder / mein Bruder verbringt seinen Urlaub gern im Norden.

_____

_____

Ich arbeite Tag und Nacht / meine Schwester faulenzt zu Hause.

_____

Ich sitze auf der zwanzigsten Etage im Büro / meine Tochter sitzt im ICE nach Frankfurt.

_____

_____

Ich esse gern asiatisch / meine Frau liebt französische Küche.

_____

Ich trinke gern jeden Tag ein Bier / meine Frau hasst alles Alkoholische.

_____

Ich interessiere mich für moderne Kunst / meine Schwester interessiert sich für alte Meister.

_____

_____

Ich verbringe meinen Urlaub gerne in Deutschland / meine Frau will in fremde Länder reisen.

_____

_____

Uwe guckt gerne amerikanische Filme / seine Frau ist von indischen Filmen begeistert.

_____

_____

Ich telefoniere / du bist unter der Dusche.

_____

Du bist in der Schule / ich liege mit Grippe im Bett.

_____

Mathilde ist immer gut gelaunt / Tobias ist immer traurig.

_____

Ludger interessiert sich für europäische Kunst / seine Frau liebt asiatische Kulturformen.

_____

_____

Ich verbringe jeden Abend im Fitnessstudio / du sitzt den ganzen Abend vor dem Fernseher.

_____

_____

Herbert lernt jeden Tag eine Menge / Thomas spielt den ganzen Tag am Computer.

_____

_____

Übung 11   Schreiben Sie die Sätze mit „*weder...noch*" wie im Beispiel.
Thomas spricht nicht Japanisch und auch nicht Koreanisch.
Thomas spricht weder Japanisch noch Koreanisch.

Ludmila kommt nicht aus Spanien und nicht aus Italien.

_____

Christian hat keinen Sohn und keine Tochter.

_____

Ich habe keine Villa und keinen Palast.

_____

Ich bin nicht traurig und nicht fröhlich.

_____

Ich war noch nicht in Indien und ich war nie in China.

_____

Axel spricht kein Wort Russisch und kein Wort Polnisch.

_____

Wir fliegen nicht nach Spanien und wir fliegen auch nicht nach Frankreich.

_____

Wir kennen die Familie Strauss nicht und wir kennen die Müllers nicht.

_____

Norbert mag die Nachbarn aus der ersten Etage nicht und die aus der dritten Etage auch nicht.

_____

Du musst dich bei mir nicht rechtfertigen und bei deiner Mutter auch nicht.

_____

Meine Eltern wollen mir keine Katze schenken und keinen Hund.

_____

Ich war noch nie in Paris und ich war auch nie in Rom.

_____

Übung 12   Ergänzen Sie die Endungen der Adjektive, wo es nötig ist.

1. Das ist ein____ schön____ Frau.
2. Ich telefoniere mit ein____ sympathisch____ Kollegin.
3. Das ist ein____ gut____ Idee.
4. Das ist ein____ interessant____ Buch.

5. Er spricht über ein____ interessant____ Buch.

6. Du kommst aus ein____ schön____ Stadt.

7. Jonas hat ein____ gemütlich____ Wohnung.

8. Das ist ein____ gut____ Ratschlag.

9. Ich gehe in ein____ alt____ , schön____ Theater.

10. Er lernt Deutsch in ein____ groß____ , bekannt____ Schule.

11. Wir haben ein____ nett____ , aufmerksam____ Lehrer.

12. Matthias telefoniert mit sein____ alt____ , gut____ Freund aus Aurich.

13. Wir gehen zusammen in ein____ groß____ , schön____ Park.

14. Klaus hat ein____ groß____ , bissig____ Hund.

15. Ich unterhalte mich gern mit mein____ lieb____ , alte____ Tante Thilde.

16. Ich höre ein____ alt____ , bekannt____ Lied von Zarah Leander.

17. Das ist ein____ lecker____ Suppe.

18. Daniel hat mir ein____ lang____ SMS von sein____ neu____ Handy gesendet.

19. Ich fahre mit mein____ best____ Freund Klaus mit mein____ alt____ Auto in ein____ klein____ Stadt am Meer in den Urlaub.

20. Wir bedanken uns bei unser____ nett____ Lehrer für sein____ verständlich____ Erklärung ein____ schwierig____ Themas.

21. Maximilian hat ein____ intelligent____ , schön____ Frau.

22. Das ist ein____ gut____ , alt____ , französisch____ Film.

23. Ich träume von ein____ schön____ , gemütlich____ Haus in den Bergen, mit einem wundervoll____ Blick zum Schloss Neuschwanstein.

24. Er hat uns über sein____ spannend____ Reise berichtet.

25. Seine Haare sind seitlich kurz____ und oben lang____ .

26. Ich denke oft an mein____ alt____ Heimat.

27. Elke bereitet sich auf ein____ schwer____ , wichtig____ Prüfung vor.

28. Köln ist alt____ , schön____ , aber schmutzig____ .

29. Roberts Frau ist sympathisch____ , aber sehr dominant____ .

30. Das ist ein____ neu____ , schnell____ Auto von ein____ bekannt____ , deutsch____ Autokonzern.

Übung 13   Bilden Sie Sätze im Passiv wie im Beispiel.

Beachten Sie die Präsens-, Präteritum- und Perfekt-Formen!

Wir rufen unseren Lehrer um 9.00 Uhr an.

Unser Lehrer wird von uns um 9.00 Uhr angerufen.

1. Oma backt den Kuchen.

_____

2. Mama hat heute Vormittag die Suppe gekocht.

_____

3. Andreas hat seine Kinder um 14 Uhr vom Kindergarten abgeholt.

_____

_____

4. Unsere neuen Nachbarn stören uns.

_____

5. Der Lehrer hat viele Fragen beantwortet.

_____

6. Ich lud Johanna ins Kino ein.

_____

7. Papa kauft ein neues Auto.

_____

8. Im Deutschunterricht spricht man nur Deutsch.

_____

9. Der fleißige Maler streicht die ganze Wohnung.

_____

10. Meine Mutter hat eine neue Tasche gekauft.

_____

11. Du hast mich nicht darüber informiert.

_____

12. Robert hat den Test mit sehr gut bestanden.

_____

Übung 14 Trennbare Verben. Schreiben Sie Sätze wie im Beispiel:
Er / die Geschichte / weitererzählen
<u>Er erzählt die Geschichte weiter.</u>

1. Ihr / nach Passau / weiterfahren

_____

2. Elke / am Dienstag / aus Dortmund / zurückkommen

_____

3. Papa / die Zeitschrift / weiterlesen

_____

4. Unser Lehrer / in jeder Pause / die Fenster / aufmachen

_____

5. Der ICE / nach Frankfurt / erst in 15 Minuten / abfahren

_____

6. Matthias / das Paket / heute Nachmittag / bei der Post / abholen

_____

_____

7. Zarah / jeden Morgen / um 7.00 Uhr / aufstehen

_____

8. Er / die Handschuhe / anziehen

_____

9. Wir / am Appellhofplatz / in den Bus / einsteigen

_____

10. Werner / im neuen Fitnessstudio / sich anmelden

_____

11. Brigitte und Hans / im September / in ihr neues Haus / einziehen

_____

_____

12. Der Zug / aus Berlin / um 12.15 Uhr / in Köln / ankommen

_____

13. Die Schulklasse / morgen / nach Bremen / weiterfahren

_____

14. Der neue Lehrer / der Unterricht / weitermachen

_____

15. Papa / das schöne Bild / aufhängen

_____

16. Die Kinder / das Geschirr / abtrocknen

_____

17. Helmut / die Heizung / ausschalten

_____

18. Die Kinder / ihre Winterjacken / anziehen

_____

19. Meine Mama / das Kochrezept / von Gerd Käfer / aufschreiben

_____

_____

Übung 15 Ergänzen Sie die Sätze mit Präpositionen.
Schreiben Sie dann Fragewörter dazu wie im Beispiel:
Klaus interessiert sich _____ klassische Musik. - _____?
Klaus interessiert sich für klassische Musik. - Wofür?

1. Petra interessiert sich _____ asiatische Kunst. - _____?
2. Lucas interessiert sich _____ Fußball. - _____?
3. Mein älterer Bruder Otto setzt sich immer _____ mich ein. Ich bin ihm sehr dankbar
   da_____. - _____ und _____?
4. Ich kann _____ mein Handy nicht mal für einen Tag verzichten. - _____?
5. Ich weiß ganz genau, _____ deine Hilfe kann ich mich verlassen. - _____?
6. Der IT-Consultant unserer Firma rät _____ Kauf dieser Computer ab. - _____?
7. Das Konzert besteht _____ zwei Stücken von Tschaikowsky und _____ vier
   Stücken von Mozart. - _____?
8. Meine Mutter hat mich _____ dieser Frau gewarnt. - _____?
9. Dieser Mann hat mich _____ Tanzen aufgefordert. - _____?

10. Ich habe mich _____ diese einfachen Fehler sehr geärgert. - _____?

11. Vor einer Fahrt in entfernte Länder sollte man sich _____ Hepatitis impfen lassen. - _____?

12. Ich sehne mich _____ meinen Großeltern. - _____?

13. Ich glaube, ich kann mich nur _____ meine Eltern verlassen. - _____?

14. Meine Suppe riecht _____ Knoblauch. - _____?

15. Oli spielt den ganzen Tag _____ seinem Handy. - _____?

16. Meine Eltern kümmern sich immer _____ meinen Hund, wenn ich im Urlaub bin. - _____?

17. Das Buch von Erich Maria Remarque „Im Westen nichts Neues" handelt _____ ersten Weltkrieg. - _____?

18. Im Gedicht von Hermann Hesse „Im Nebel" geht es _____ die Einsamkeit. - _____?

19. Veronika sehnt sich _____ ihrem Freund. - _____?

20. Stefan, kann ich mich _____ dich verlassen? - _____?

21. Ich kann mich _____ den Namen dieses Schauspielers nicht mehr erinnern. - _____?

22. Ich arbeite gern _____ meinem neuen Werkzeug. - _____?

23. Ich diskutiere gern _____ die Werke von Goethe. - _____?

24. Unsere Universität ist _____ Betriebswirtschaftslehre spezialisiert. - _____?

25. Herr Lohse, wir beziehen uns _____ Ihren Brief vom 07.09.2018. - _____?

26. Ich kann mich leider _____ diesen alten Film nicht mehr erinnern. - _____?

27. Ihr Arzt rät ihr _____ dieser teuren Therapie. - _____?

28. Ich bedanke mich _____ meiner Nachbarin. - _____ wem?

29. Ich bedanke mich _____ das wunderbare Geschenk. - _____?

30. Wir bedanken uns _____ unserer Mutter _____ ihre Hilfe. - _____ wem und wo_____?

Übung 16 Ergänzen Sie die Sätze mit Perfektformen der Verben.
   Beispiel: Er hat gestern ein neues Auto gekauft. (kaufen)

1. Thomas _____ den Mietvertrag vorgestern _____. (unterschreiben)

2. Die Müllers _____ eine Wohnung _____. (kaufen)

3. Im letzten Sommer _____ wir das Schloss Bellevue in Berlin _____. (besichtigen)

4. Elke _____ eine leckere Pizza zum Abendessen _____. (mitbringen)

5. Uwe _____ mich zu einem französischen Abendessen _____. (einladen)

6. Wir _____ für eine Woche nach Spanien _____. (fliegen)

7. Christian _____ alle seine Freunde zur Geburtstagsparty _____. (einladen)

8. Ich _____ die ganze letzte Woche krank _____. (sein)

9. Ich _____ heute leider den ganzen Tag noch nichts _____. (essen)

10. Letztes Wochenende _____ wir unsere Großeltern in der Pfalz _____.
    (besuchen)

11. Sarah _____ gestern Abend sehr müde _____ (sein) und _____
    früh ins Bett _____. (gehen)

12. Wir _____ schon so lange nicht mehr miteinander _____.
    (telefonieren)

13. Er _____ um 7.00 Uhr _____ (aufwachen), _____ im Bett
    lange mit seinen Freunden _____ (chatten) und _____ erst zwei
    Stunden später _____ (aufstehen) und ins Bad
    _____ . (gehen)

14. Wir _____ gestern einen guten Film über Edith Stein _____.
    (sehen)

15. Barbara _____ mir eben eine wichtige Mail _____. (senden)

16. Wir _____ am Hbf in den ICE nach Hamburg _____. (einsteigen)

17. Helmut Kohl _____ sich jahrzehntelang für Politik _____.
    (engagieren)

18. Gestern Abend _____ wir ein Konzert in der Philharmonie _____.
    (besuchen)

19. _____ du schon das Geld für die neue Küche _____? (überweisen)

20. Stefans Mutter _____ sich nach dem Unterrichtsangebot der neuen Schule
    _____. (erkundigen)

21. Stefanie _____ wunderschöne Nelken in ihrem Garten _____.
    (einpflanzen)

22. Für wann _____ du den Termin beim Zahnarzt _____?
    (ausmachen)

23. Er _____ sich bei allen für das wunderbare Geschenk herzlich
    _____. (bedanken)

24. In dieses Projekt _____ ich persönlich viel Kraft _____.
    (investieren)

25. Carla _____ kürzlich eine tolle Geburtstagsparty _____.
    (organisieren)

26. Ich _____ zwei Tickets für den nächsten Flug nach Zürich _____.
    (buchen)

27. Unsere Großeltern _____ sich sehr über unseren Besuch _____.
    (freuen)

28. Im letzten Sommer _____ unsere Klasse Schloss Linderhof _____.
    (besichtigen)

29. Meine Freunde und ich _____ uns am letzten Sonntag in der neuen Disco am
    Rudolfplatz prächtig _____. (amüsieren)

Übung 17 Ergänzen Sie mit „deshalb" / „obwohl" / „weil" oder „trotzdem".

1. Ich gehe jeden Tag ins Fitnessstudio, _____ bin ich dick und habe keine Muskeln.

2. Ich gehe jeden Tag ins Fitnessstudio, _____ bin ich schlank und muskulös.

3. _____ ich jeden Tag ins Fitnessstudio gehe, habe ich keinen Waschbrettbauch.

4. Ich treibe viel Sport, _____ habe ich einen schönen Körper und einen tollen Waschbrettbauch.

5. Ich gehe gerne in die Disco und liebe Cafés und Bars, _____ wohne ich gern im Zentrum von Köln.

6. _____ ich gerne im Zentrum wohne, ist es für mich manchmal einfach zu laut und zu chaotisch dort.

7. Meine Schwester lernt gerne neue Menschen kennen und ist eine kommunikative Person, _____ hat sie einen großen Freundeskreis.

8. Ich interessiere mich für moderne Kunst, _____ gehe ich oft in verschiedene Museen.

9. _____ das Wetter heute so schlecht ist, gehen wir in den Park spazieren.

10. Stefanie kauft sich ein neues Kleid, _____ sie zu einer Hochzeit geht.

11. Er möchte studieren, _____ muss er das Abitur machen.

12. Klaus kauft für seine Frau einen Gutschein in der Parfümerie, _____ er nicht weiß, welches Parfüm seine Frau haben möchte.

13. Peter ist Mitglied in einem Karnevalsverein geworden, _____ er sich für Karneval interessiert und gerne Karnevalslieder singt.

14. Meine Schüler sprechen gut Deutsch, _____ sie erst seit ein paar Monaten in Deutschland leben.

15. Ich arbeite im Zentrum von Frankfurt, _____ genieße ich abends die Ruhe auf dem Land.

16. Er bewirbt sich auf eine Stelle bei der Stadt Düsseldorf, _____ schreibt er einen tabellarischen Lebenslauf.

17. Sandro fühlt sich ganz wohl in Deutschland, _____ er seine Heimatstadt in Portugal sehr vermisst.

18. Ich gehe heute ins Büro, _____ ich mich heute gar nicht gut fühle und wahrscheinlich Fieber habe.

19. Ich muss heute Abend viel lernen, _____ ich morgen einen wichtigen Test schreiben muss.

20. Meine lieben Eltern machen mir keine Vorschriften, _____ möchte ich von zu Hause ausziehen und mit meinen Freunden eine WG gründen.

21. Tassilo interessiert sich für bayerische Geschichte und Traditionen, _____ tritt er einem Trachtenverein bei.

22. Angela hat viel gelernt, _____ hat sie den Test nicht bestanden.

23. Meine Freunde und ich interessieren uns sehr für Geschichte, _____ machen wir einen Ausflug nach Bad Ems.

24. Ich gehe heute Abend mit Udo in die Disco, _____ ich so müde bin.

25. Meine Verwandten aus Spanien lernen Deutsch, _____ sie in Deutschland arbeiten möchten.

26. Werner hat einen starken oberpfälzischen Akzent, _____ er aus Regensburg kommt.

27. Meine Miete ist sehr hoch, _____ ich mitten im Zentrum von München wohne.

28. Konrad Adenauer stammt aus Köln, _____ steht dort am Neumarkt ein Denkmal für ihn.

Übung 18 Ergänzen Sie alles, was nötig ist.

1. Wir bedanken _____ _____ unserem Lehrer _____ sein____ Hilfe.
2. Ich bedanke _____ _____ dir.
3. Ich bedanke _____ _____ deine Mail.
4. Ralph bedankt _____ _____ sein____ Nachbarin _____ die Hilfe.
5. Ralph bedankt _____ _____ der Nachbarin.
6. Ich möchte _____ _____ dir _____ mein unfreundliches Verhalten entschuldigen.
7. Herr Müller, wir möchten _____ _____ Ihnen entschuldigen.
8. Herr Schöpf, wir möchten _____ _____ Ihnen _____ unsere Fehler entschuldigen.
9. Ich habe den Polizisten _____ _____ Weg _____ Hauptbahnhof gefragt.
10. Mein Onkel hat mein____ Mutter _____ ihr____ Geburtstag gratuliert.
11. Ich suche bereits seit eine____ Stunde _____ mein____ Brille.
12. Wir haben unser____ neu____ Fernseher _____ Internet bestellt.
13. Christian hat _____ ein____ katholisch____ Universität studiert.
14. Claudia hat sich _____ ihr____ Chef _____ heute Abend _____ Abendessen verabredet.
15. Ralph und Alex haben sich oft _____ ihr____ schöne Hochzeit erinnert.
16. Dein____ neu____ Bluse passt wunderbar _____ dein____ rot____ Rock.
17. Ihre Haare sind lang____ und blond____ und sie hat wunderschöne ____ Augen.
18. Wir diskutieren oft _____ unser____ Lehrer _____ die deutsche Politik.
19. Wir bedanken _____ _____ unser____ Lehrer _____ sein____ Hilfe.
20. Ich engagiere mich _____ verschieden____ Projekte im Bereich Integration.
21. Ich habe unser____ Chefin _____ ihrem Geburtstag gratuliert.
22. Er bedankt _____ _____ sein____ Vater _____ das wunderbare Geschenk.
23. Ich entschuldige _____ _____ mein____ Schwester _____ meinen bösen Kommentar.
24. Ich habe mich _____ _____ Rezeption _____ _____ Stadtplan erkundigt.
25. Elke hat ihr____ Sohn _____ sein____ Diplom gratuliert.
26. Ich bedanke mich _____ mein____ lieb____ Tante _____ ihr____ Ratschläge.
27. Der Kunde erkundigt _____ beim Apotheker _____ _____ neu____ Medikament.

Übung 19   <u>Ergänzen Sie die Sätze im Genitiv mit „*wegen*" oder mit „*trotz*".</u>

1. _____ mein____ Urlaub____ kann ich an der Sitzung nicht teilnehmen.
2. _____ d____ schlecht____ Wetter____ bleibe ich zu Hause.
3. _____ d____ schlecht____ Wetter____ gehe ich am Wochenendmarkt zum Einkaufen.
4. _____ mein____ alt_____ Oma fahren wir nicht in Urlaub. Wir müssen uns um sie kümmern.
5. _____ d_____ intensiv_____ Vorbereitung hat Klaus die Prüfung nicht bestanden.
6. _____ ein_____ streng_____ Diät werde ich immer dicker.
7. _____ unser_____ böse_____ Lehrer____ habe ich eine schlechte Note bekommen.
8. _____ d_____ gut_____ Wetter____ bleiben wir zu Hause, weil unsere Mutter krank ist und wir uns um sie kümmern müssen.
9. _____ d_____ stark_____ Tabletten gegen Allergie habe ich Schnupfen und meine Augen sind rot und entzündet.
10. _____ d_____ gut_____ Erklärung dies_____ schwer_____ Themas verstehe ich die Regeln leider nicht.
11. _____ d_____ laut_____ Musik in der Wohnung unser_____ Nachbarn kann ich nicht einschlafen.
12. _____ mein____ Geburtstagsparty____ muss ich noch vieles organisieren und einkaufen.
13. _____ d_____ gut_____ Musik____ war die Party langweilig.
14. _____ d____ lang_____ Reise____ habe ich lange Zeit weder meine Eltern noch meine Freunde gesehen.
15. _____ ein_____ lang_____ Krankheit hat sie sechs Kilogramm abgenommen.
16. _____ d____ spannend_____ und erholsam_____ Urlaub___ sieht sie müde aus.
17. _____ d____ lang_____, angenehm_____ Urlaub____ siehst du frisch und erholt aus.
18. _____ d____ kalt_____ Winter____ in Deutschland verbringen viele deutsche Rentner die Wintermonate lieber in warmen Ländern.
19. _____ d_____ stark_____ Wind_____ ist meine Antenne auf dem Dach beschädigt.
20. _____ dein_____ nett_____ Kompliment____ bin ich rot geworden.
21. _____ ein_____ wichtig_____ katholisch_____ Feiertag____ sind alle Geschäfte und Unternehmen geschlossen.
22. _____ unser_____ krank_____ Kind_____ haben wir die Einweihungsparty abgesagt.

Übung 20   Ergänzen Sie die Sätze im Genitiv, wo es nötig ist.

1. Das ist das Buch mein_____ Vater_____.

2. Das ist die Tasche mein_____ Frau_____.

3. Das ist der Sohn mein_____ Bruder_____.

4. Das sind Freunde mein_____ Schwester_____.

5. Das ist die Wohnung mein_____ Kollegin_____.

6. Das ist das Buch ein_____ bekannt_____ deutsch_____ Schriftsteller____.

7. Das ist das Graffiti ein_____ talentiert_____, jung_____ Maler____.

8. Das ist das Auto mein_____ jünger_____ Schwester____.

9. Das ist der Film ein_____ bekannt_____, alt_____, italienisch_____ Regisseur____.

10. Das ist die gute Idee ein_____ jung_____ Kollegin____.

11. Das ist das Lied ein_____ wunderschön_____ französisch_____ Sängerin.

12. Ich höre das Lied ein_____ wunderschön_____ französisch_____ Sängerin.

13. Ich sehe den Film ein_____ bekannt_____, alt_____, italienisch_____ Regisseur____.

14. Ich spreche mit der Frau mein_____ alt_____ Chef____.

15. Wir unterhalten uns mit dem Kind unser_____ nett_____ Nachbarin____.

16. Das ist die Brille unser_____ alte_____, lieb_____ Lehrerin____.

17. Das ist das neue Modell ein_____ bekannt_____, deutsch_____ Automobilhersteller____.

18. Das ist das T-Shirt mein____ lieb____ Sohn____.

Übung 21   Ergänzen Sie mit „anstatt", „trotzdem" oder „obwohl".

1. _____ ich so viel gelernt habe, habe ich die Prüfung nicht bestanden.

2. _____ die ganze Zeit vor dem Fernseher zu sitzen, solltest du lieber etwas lernen.

3. Ich habe so viel gelernt, _____ habe ich den Test nicht geschafft.

4. Meine jüngere Schwester ist so dick, _____ sie immer streng auf ihre Ernährung achtet.

5. _____ ich auf meine Ernährung achte, bin ich übergewichtig.

6. _____ den ganzen Tag vor dem Computer zu sitzen, solltest du lieber deiner Mutter helfen.

7. _____ für viel Geld stundenlang in ferne Länder zu fliegen, mache ich lieber Urlaub in den deutschen Bergen.

8. Ich habe dich fünf Mal angerufen und an den Besuch unserer Eltern erinnert, _____ bist du wieder zwei Stunden zu spät gekommen.

9. Er geht in die Disco, _____ auf seine kranke Schwester aufzupassen.

10. _____ seine Schwester krank ist und die Mutter ihn braucht, geht er in die Disco.

11. _____ ich gestern den ganzen Abend die neuen Wörter mit Artikel gelernt habe, sind meine Ergebnisse beim heutigen Test sehr bescheiden.

12. _____ ich sowohl Deutsch als auch Englisch sehr gut spreche, konnte ich mich in meinem Urlaub in Paris kaum verständigen.

13. _____ Micha sich sehr lange auf den Köln-Marathon vorbereitet hatte, war er schon nach fünf Kilometern ziemlich erschöpft.

14. Ich arbeite jeden Tag 12 Stunden lang, _____ schaffe ich es dreimal die Woche zum Schwimmen zu gehen. Das tut meiner Gesundheit sehr gut.

15. _____ Tim jeden Tag Tabletten gegen seine Pollenallergie einnimmt, hat er rote Augen.

16. _____ euch stundenlang über Politik zu unterhalten und zu streiten, solltet ihr lieber schöne Musik hören und dazu tanzen.

17. Er studiert seit einem Jahr, _____ er gerade erst 18 geworden ist, weil er ziemlich talentiert ist und ein paar Schulklassen übersprungen hat.

18. _____ meine Schüler jeden Tag fleißig lernen, haben sie dennoch Probleme mit dem Artikel und _____ glaube ich, dass alle die Prüfung bestehen werden.

19. Mein Sohn raucht, _____ ich es ihm verboten habe.

20. Ich sage oft zu meiner Tochter: „_____ den ganzen Tag auf dem Sofa zu liegen, solltest du lieber ins Fitnessstudio gehen."

Übung 22 Ergänzen Sie die Sätze im Genitiv mit „wegen" oder „trotz".
Beispiel: **Wegen des** schlecht**en** Wetter**s** bleiben wir heute zu Hause.

1. _____ mein____ böse____ Schwiegermutter____ streite ich immer mit meiner Frau.

2. _____ d____ böse____ Schwiegermutter mein____ Bruder____ gibt es kaum Streit, weil die Frau meines Bruders eine verständnisvolle und liebe Person ist.

3. _____ d____ stark____ Zahnschmerzen____ kann ich mich nicht auf meine Arbeit konzentrieren.

4. _____ d____ stark____ Kopfschmerzen kann ich mich gut auf die Arbeit konzentrieren.

5. _____ d____ neu____ Freund____ unser____ Tochter____ ist diese nur noch unterwegs und sehr selten zu Hause.

6. _____ d____ schlecht____ Wetter____ wurde das Konzert einer bekannten kölschen Band abgesagt.

7. _____ d____ Tornado____ wird unser Flugzeug in wenigen Minuten starten und uns zurück in die Heimat bringen.

8. _____ d____ erneut____ Streik___ bei der Bahn können wir an diesem Wochenende unsere Eltern in Regensburg nicht besuchen.

9. _____ d____ unaufmerksam____ Personal____ d____ Hotel____ werden wir nie wieder hier übernachten.

10. _____ d____ sonnig____ Wetter____ bleibe ich heute im Hotel, weil ich gestern einen schmerzhaften Sonnenbrand bekommen habe.

11. _____ unser____ neu____ Chef____ ist das Arbeitsklima in unserer Firma unerträglich geworden.

12. _____ d____ Rosenmontagzug____ sind mehrere Straßen im Zentrum von Köln gesperrt.

13. _____ ein____ Fehler____ in der Lohnabrechnung habe ich in diesem Monat 200 Euro zu wenig bekommen.

14. _____ d____ hohe____ Steuern können sich die Bürger immer weniger leisten.

15. _____ d____ hohe____ Steuern in Deutschland fliehen viele Millionäre ins Ausland, um dort ihre Steuern zu bezahlen.

16. _____ d____ hohe____ Steuern werden immer mehr Unternehmen in Deutschland gegründet.

17. Meine Frau wirft mir vor, dass wir _____ mein____ Mutter____ zu oft heftige Streitigkeiten haben.

18. Nicht nur _____ dein____ unerträglich____ Charakter__, sondern auch _____ dein____ unfreundlich____ Bruder__ haben wir immer Probleme in unserer Beziehung.

19. _____ d____ lang____ Aufenthalt___ in der Sonne ist meine Haut richtig braun geworden.

20. _____ d____ Bau___ ein____ neu____ Straßenbahnlinie___ am Zülpicher Platz haben wir den ganzen Tag Lärm in unserer Wohnung.

21. _____ d____ Kauf___ ein____ teur____ Auto___ müssen wir leider auf den nächsten Sommerurlaub verzichten.

22. _____ d____ verrückt____ Idee___, mitten in der Woche in die Disco zu gehen, muss ich jetzt unausgeschlafen und mit Kopfschmerzen im Büro sitzen.

23. _____ d____ schnell____ Internet___ dauert es noch lange, bis ich den ganzen Film über das Internet heruntergeladen habe.

24. _____ d____ lang____ Arbeitswoche bin ich sehr müde.

25. _____ d____ Genitiv___ sitzen wir stundenlang in der Schule und schreiben komplizierte Sätze.

26. _____ d____ deutsch____ Grammatik kann ich nachts nicht gut schlafen. Ich träume nur noch vom Genitiv.

Übung 23   Schreiben Sie indirekte Fragesätze wie in den Beispielen:
Sabine fragt / hat Thomas Zeit für sie? - Sabine fragt, **ob** Thomas für sie Zeit hat.
Sabine möchte wissen / wann besucht Thomas sie? - Sabine möchte wissen, **wann** Thomas sie besucht.

Wissen Sie / wie viel kostet ein Babysitter in der Stunde?

Weißt du / kostet ein Babysitter viel?

_____

Ich würde gerne wissen / wann hat Peter Geburtstag?

_____

Könnten Sie mir bitte sagen / wie komme ich zum Kölner Dom?

_____

_____

Ich traue mich nicht zu fragen / Sabine möchte mit mir am Samstagabend essen gehen.

_____

_____

Hallo Stefan, Mama fragt / wann kommst du uns endlich besuchen?

_____

_____

Können Sie beschreiben / welche Unterschiede gibt es zwischen Karneval und Fasching?

_____

_____

Ich weiß noch nicht / schaffe ich das Abitur?

_____

_____

Mich würde interessieren / warum ist Frau Meixner immer so traurig?

_____

_____

Meine Schüler fragen mich immer wieder / gibt es eine Hausaufgabe für den nächsten Tag?

_____

_____

Er fragt mich / kann ich ihm helfen?

_____

Der Tourist erkundigt sich am Infopoint / wie kann er am schnellsten zum Schloss Nymphenburg kommen?

_____

_____

Entschuldigung, können Sie mir bitte sagen / wo kann ich Herrengürtel finden?

_____

_____

Können Sie mir bitte sagen / gibt es in Ihrer Parfümerie dieses neue Parfüm?

_____

_____

Frag bitte unsere Oma / was möchte sie zu ihrem Jubiläum als Geschenk haben?

_____

_____

Elisa, frag bitte Mama / hat sie alles für die morgige Party eingekauft?

_____

_____

Herr Jansen, ich würde gerne wissen / warum kommen Sie immer so spät ins Büro?

_____

_____

Frau Krause möchte wissen / ist das Angebot an die Firma "XLXL" schon abgesendet worden?

_____

_____

Ach Mutti, ich würde so gerne wissen / habe ich die Prüfung bestanden?

_____

_____

Stefan weiß noch nicht / besucht er seine Eltern am Wochenende?

_____

_____

Könnten Sie mir bitte sagen / gibt es diese Jeans eine Nummer größer?

_____

_____

Weißt du / aus welcher Stadt kommt unser neuer Mitarbeiter, Herr Wrese?

_____

_____

Gisela hat mir leider noch nicht gesagt / will sie mich am Wochenende sehen?

_____

_____

Weißt du / ist das neue Buch von Hape Kerkeling schon auf dem Markt?

_____

_____

Soll ich den Kellner fragen / gibt es heute auch Bratkartoffeln?

_____

_____

Frag bitte unseren IT-Consultant / werden unsere Computer heute funktionieren?

_____

_____

Können Sie mir bitte sagen / geht es Ihnen nach der neuen Therapie besser?

_____

_____

Ich würde gerne wissen / bekomme ich beim Abschluss dieses Handyvertrags ein neues Handy?

_____

_____

Der Arzt fragt seinen Patienten / verträgt er seine Tabletten gut?

_____

_____

Ich würde gerne wissen / welcher Künstler und welches Lied werden Deutschland beim Eurovision Song Contest vertreten?

_____

_____

Entschuldigung, wissen Sie / wann fährt der nächste ICE nach Hamburg Altona?

_____

_____

Herr Müller möchte wissen / brauchen Sie für diesen Auftrag zusätzliche Informationen?

_____

_____

Die Wissenschaftler fragen sich / warum haben wir in Deutschland immer weniger Kinder?

_____

_____

Übung 24   Ergänzen Sie „haben" und „sein" in der passenden Form.

1. Gestern _____ ich bei mir zu Hause ein kleines Familienfest. Ich _____ viele Gäste. Zusammen _____ es zehn Personen.
2. _____ du heute Abend Zeit? – Ja, ich _____ Zeit.
3. Morgen _____ meine Mutter Geburtstag und ich _____ leider noch kein Geschenk für sie.
4. Herr Stierlitz, heute Morgen _____ niemand im Büro. Ich möchte wissen, wo alle Mitarbeiter _____?
5. Wann _____ ihr im Kino? – Am letzten Samstag. Der Film _____ sehr interessant.
6. Ich _____ noch niemals in New York und ich _____ noch niemals auf Hawaii.
7. _____ ihr heute Abend zu Hause? – Ja, wir _____ zu Hause, aber wir _____ leider keine Zeit, wir müssen lernen.
8. _____ du schon mal am Gardasee? – Ja, ich _____ vor zehn Jahren mit meinen Eltern dort. Es _____ ein wunderbares Erlebnis.
9. Gestern _____ Martin bei mir. Er _____ Fotos von seinem letzten Urlaub dabei.
10. Meine Geburtstagsparty _____ einfach spitze, aber ich _____ heute so müde.
11. Frau Stüwe, _____ Sie schon im neuen Museum am Heumarkt? – Nein, ich _____ leider noch nicht dort, ich _____ bis jetzt keine Zeit dafür.
12. Am nächsten Wochenende _____ mein Sohn Geburtstag. Und ich _____ leider nicht zu Hause. Ich _____ leider eine Dienstreise zu machen.
13. Liebe Rosa, wir _____ am 5. Juni in München. _____ du da Zeit für uns?

14. Wir _____ schon lange nicht mehr in Bremen. Früher _____ wir jeden Sommer dort, im Haus unserer Eltern. Momentan _____ wir aber leider keine Zeit.

15. Das gestrige Konzert _____ unvergesslich. Wir _____ viel Spaß.

16. Klaus, _____ du morgen Vormittag im Büro? Ich _____ eine wichtige Frage an dich.

17. Guten Tag, _____ Sie heute einen Termin bei Herrn Doktor Müller? – Ja, ich _____ einen Termin um 10.30 Uhr.

18. _____ Sie Ihre Versicherungskarte dabei? – Ja, ich _____ sie dabei, bitte schön.

19. In seiner Heimat _____ Eros viele Freunde. Jetzt, in Deutschland, _____ er leider noch nicht so viele Kontakte.

Übung 25   Fragen und Antworten, ergänzen Sie   „Wann?" / Wie lange?"
                Beantworten Sie selbst die Fragen wie in den Beispielen:
                Wann beginnt Stefans Party? – **Um 20.00 Uhr.**
                Wie lange brauchst du noch für diesen Brief? – **Ungefähr fünf Minuten.**

1. _____ stehst du normalerweise auf? _____
2. _____ schläfst du? - _____
3. _____ kommt der Zug? - _____
4. _____ beginnt der Film? - _____
5. _____ dauert der Film? - _____
6. _____ ist der Film zu Ende? - _____
7. _____ gehst du von der U-Bahn Haltestelle bis zur Schule? - _____
8. _____ kommt der Hausmeister? - _____
9. _____ bleibt ihr in Urlaub? - _____
10. _____ besuchen uns deine Eltern? - _____
11. _____ fährt man von Köln nach Koblenz? - _____
12. _____ geht man vom Hbf zum Theater? - _____
13. _____ kommt unser ICE in Aschaffenburg an? - _____
14. _____ dauert der Flug von Berlin nach Moskau? - _____
15. _____ hast du zum letzten Mal deine Oma gesehen? - _____
16. _____ lebst du schon in Deutschland? - _____
17. _____ besuchst du mich? - _____
18. _____ gehst du normalerweise schlafen? - _____
19. _____ hast du gestern geschlafen? - _____
20. _____ beginnt das Konzert? - _____
21. _____ warst du gestern bei deinen Freunden? - _____
22. _____ beginnen endlich die Schulferien? - _____
23. _____ dauern die Schulferien in Baden-Württemberg? - _____
24. _____ kommt endlich der Osterhase und bringt mir Schokoeier? - _____
25. _____ bleiben Sie bei Ihren Großeltern in Spanien? - _____
26. _____ arbeitest du am Tag? - _____

27. _____ lernst du schon Deutsch? - _____

28. _____ besuchst du endlich deine Tante? - _____

29. _____ muss ich noch auf deine Antwort warten? - _____

30. _____ haben Sie Ihre Kinder nicht gesehen? - _____

31. _____ hast du zum ersten Mal dieses Buch gelesen? - _____

32. _____ haben Sie Ihr erstes Auto gekauft? - _____

33. _____ hast du gestern im Stau gestanden? - _____

34. _____ mussten Sie im Wartezimmer auf den Arzt warten? - _____

35. _____ werde ich gut Deutsch sprechen? - _____

Übung 26   Stellen Sie Fragen mit Fragewörtern, wie z.B.: *Wo? Wohin? Wem? Wen?*
                Sandra sendet ihrem Sohn eine SMS. – **Wem** sendet Sandra eine SMS?

1. Ich gehe ins Theater.- _____

2. Ich telefoniere mit meinem Sohn.- _____

3. Ich sehe eine schöne Frau.-_____

4. Ich bin jetzt im Büro.-_____

5. Das Buch liegt auf dem Tisch.-_____

6. Ich lege das Buch auf den Tisch.-_____

7. Ich gebe meinem Schüler das Buch.-_____

8. Ich höre wunderschöne Musik.- _____

9. Ich höre draußen im Korridor meine Schüler.-_____

10. Stefan und Christian gehen in die Disco.-_____

11. Sabine ist jetzt schon seit 10 Minuten in der Disco.- _____

12. Gestern sind wir ins Theater gegangen.-_____

13. Meine Eltern sind jetzt im Museum.- _____

14. Ich sende meiner Chefin eine wichtige Mail.-_____

15. In meinem Garten gibt es bezaubernde Nelken.-_____

16. Wir gehen ins Krankenhaus.-_____

17. Das Krankenhaus befindet sich im Zentrum.- _____

18. Meine Eltern sind jetzt schon im Krankenhaus.-_____

19. Ich gebe dem netten Verkäufer das Geld.-_____

20. Simone fliegt in die Türkei.-_____

21. Carla ist jetzt in der Türkei in einem tollen Hotel.-_____

22. Ich sehe viele attraktive Menschen.-_____

23. Auf der Kö in Düsseldorf gibt es viele gute Geschäfte.- _____

24. Meine Eltern fahren nach Freiburg.-_____

25. Meine Oma wohnt in Freiburg.- _____

26. Stefans Schwester fliegt morgen nach Barcelona.-_____

27. Stefans Eltern leben in Barcelona.-_____

28. Ich habe gestern meine alte Nachbarin getroffen.- _____

29. Gib mir bitte einen Kugelschreiber.-_____

30. Die Tasche liegt auf dem Stuhl.- _____

31. Ich lege die Tasche auf den Tisch.- _____

32. Der Ball liegt unter dem Tisch.-_____

33. Ich gebe meinem süßen Hund ein Würstchen.- _____

34. Ich höre gerade meinen Hund im Garten bellen.- _____

35. Ich habe gestern meinen alten Freund getroffen.-_____

36. Könntest du mir bitte helfen?- _____

37. Ich habe meinen Onkel lange nicht gesehen.- _____

38. Ich sende meiner Tante eine Grußkarte.- _____

Übung 27 Ergänzen Sie die Sätze mit Personalpronomen wie im Beispiel:
Das ist Thomas, ich kenne **ihn** seit zehn Jahren.

1. Das ist Johanna, ich kenne _____ seit vielen Jahren. Johanna hat einen Sohn, _____ heißt Andre.
2. Das ist Klaus, _____ ist 29 Jahre alt und ich finde _____ sehr sympathisch. Klaus hat eine nette Freundin, _____ heißt Heike. Ich telefoniere jeden Tag mit _____.
3. Das ist Uli. _____ ist 53 Jahre alt und er hat eine Tochter. _____ heißt Eva und sie ist 20 Jahre alt. Ich kenne _____ seit 20 Jahren.
4. Meine Frau und ich haben einen Sohn, _____ heißt Tassilo. _____ besucht _____ jedes Wochenende. _____ sind immer glücklich, wenn _____ zu uns kommt. _____ ist ein guter Junge und wir lieben _____ sehr.
5. Das ist meine Nachbarin Ulrike. _____ ist eine bezaubernde Frau. Ich unterhalte mich immer gern mit _____. _____ ist 35 Jahre alt und _____ Haare sind lang und blond. _____ hat einen kleinen Hund. _____ heißt Bob. _____ ist klein und sehr intelligent.
6. Das sind Christian und Robert. _____ sind auch unsere Nachbarn. _____ sind sehr nett und ruhig. Ich gehe jedes Wochenende mit _____ joggen im Park.
7. Das ist Boris. _____ ist auch unser Nachbar. _____ wohnt erst seit einem Jahr in unserem Haus, aber ich kenne _____ schon länger. _____ arbeiten in der gleichen

Firma. _____ ist ein netter Nachbar und _____ ist ein hilfsbereiter Mitarbeiter. Seine Freundin heißt Erika, _____ ist auch sehr sympathisch. Meine Frau geht mit _____ in das gleiche Fitnessstudio.

8. Das ist meine Mutter. Ich sehe _____ leider selten, aber ich telefoniere jeden Tag mit _____ . _____ ist 60 Jahre alt und _____ interessiert sich für Sport. Ich besuche _____ leider selten, weil _____ in München wohnt.

9. Das ist auch unser Nachbar, _____ heißt Dennis. Ich kenne _____ nicht gut und mag _____ nicht. _____ ist immer so traurig und ich habe noch nie mit _____ gesprochen. Auch meine Frau findet _____ nicht sympathisch. Ich hoffe _____ bald näher kennenzulernen, vielleicht können _____ doch noch Freunde werden. _____ ist genau so alt wie ich.

10. Unser Haus ist groß und alt. _____ hat zehn Wohnungen und _____ ist sehr gemütlich.

11. Meine Wohnung ist nicht klein. _____ hat drei Zimmer und _____ ist ungefähr 85 qm groß.

12. Unser Vermieter heißt Herr Müller. Ich kenne _____ auch schon lange und ich hatte noch nie Probleme mit _____. _____ ist ein älterer Herr. Ich glaube, _____ ist über 70. Meine Frau findet _____ auch nett. Ich sehe _____ nicht oft. In den ersten Monaten habe ich öfters mit _____ telefoniert. Jetzt brauche ich von _____ keine Hilfe mehr.

Übung 28   Ergänzen Sie die Fragen mit Fragewörtern wie im Beispiel:

Das ist unser neuer Chef. - **Wer** ist das?

1. Thomas ist Ingenieur von Beruf. - _____ ist er von Beruf?
2. Ihr Name ist Johanna Meixner. - _____ ist ihr Name?
3. Es dauert nur noch zehn Minuten bis zum Beginn der Eurovisionssendung. - _____ _____ dauert es noch bis zum Beginn der Eurovisionssendung?
4. Andreas Gaballier kommt aus Österreich. - _____ kommt er?
5. Sebastian spielt schon seit zwanzig Jahren Fußball. - Seit _____ Jahren spielt Sebastian Fußball?
6. Das Konzert findet im Münchner Olympiastadion statt. - _____ findet das Konzert statt?
7. Das neue Automodell von Audi ist wunderschön. - _____ ist das neue Automodell von Audi?
8. Es ist Viertel vor zehn. - _____ ist es?
9. Erik findet seine Brille nicht. - _____ findet Erik nicht?
10. Regensburg liegt in der Oberpfalz. - _____ liegt Regensburg?
11. Unser ICE kommt um 12.05 Uhr in Frankfurt an. - Um _____ _____ kommt unser ICE in Frankfurt an?
12. Werner hat ein großes Haus. - _____ hat Werner?
13. Katharina lebt seit 2004 in Neuburg. - Seit _____ lebt Katharina in Neuburg?

14. Bielefeld befindet sich in Ostwestfalen. - _____ befindet sich Bielefeld?

15. Elisa kommt aus Italien. - _____ kommt Elisa?

16. Sein Name ist Markus Gebauer. - _____ ist sein Name?

17. Stefanie ist Notarin von Beruf. - _____ ist sie von Beruf?

18. Die Vorlesung beginnt um 14.15 Uhr. - Um _____ Uhr beginnt die Vorlesung?

19. Rolf geht dreimal die Woche ins Fitnessstudio. - _____ _____ geht Rolf ins Fitnessstudio?

20. Sabine kommt aus Oberammergau. - _____ kommt Sabine?

21. Die Schüler lernen die Artikel ungern. - _____ lernen die Schüler ungern?

22. Die Firma LLL sendet einen Brief an mich. - An _____ sendet die Firma LLL den Brief?

23. Stefan sendet seinen Eltern eine Ansichtskarte aus Rom. - _____ sendet Stefan eine Ansichtskarte?

Übung 29 Passiv: Ergänzen Sie, indem Sie unten ankreuzen.

Das Opernhaus, an dem zehn Jahre lang _____1_____ , _____2_____ am letzten Wochenende endlich _____(2)_____ . Zur Eröffnung des Opernhauses _____3_____ Kommunalpolitiker, Prominente und engagierte Bürgerinnen und Bürger _____(3)_____ . Die Gala-Vorstellung, die von einem bekannten Dirigenten hervorragend _____4_____ , _____5_____ am kommenden Montag um 20 Uhr im WDR _____(5)_____ . Am Dienstag, abends um 21 Uhr _____6_____ eine Wiederholung dieser Übertragung _____(6)_____ .

1. A. gebaut wurde
   B. gebaut wird
   C. gebaut wurden

2. A. ist … eröffnet geworden
   B. ist … eröffnet worden
   C. wird eröffnet

3. A. sind … eingeladen worden
   B. werden … eingeladen
   C. eingeladen … wurden

4. A. geleitet wird
   B. geleitet wurde
   C. geleitet werden wird

5. A. wurde … übertragen
   B. wird … übertragen
   C. ist … übertragen worden

6. A. ist … gesendet
   B. wird … gesendet
   C. wurde … gesendet

Übung 30 Gemischte Übung: Ergänzen Sie, was Ihrer Meinung nach nötig ist.

1. _____ ich so viel esse und keinen Sport treibe, bin ich schlank.

2. Ich bin schlank, _____ ich viel Sport treibe.

3. Meine Mutter fragt mich, _____ ich mit meinen Hausaufgaben schon fertig bin?

4. Ich arbeite viel, _____ ich Geld brauche.

5. Unser Lehrer sagt, _____ wir zu wenig lernen.

6. Ich lerne Deutsch, _____ ich in Deutschland lebe und hier arbeiten möchte.

7. _____ ich letztes Mal in Paris war, habe ich eine attraktive Französin kennengelernt.

8. Jedes Mal, _____ ich nach Paris fliege, probiere ich dort verschiedene Käsesorten.

9. Unser Lehrer fragt uns, _____ wir schon mal die Schatzkammer des Kölner Doms besucht haben.

10. _____ _____ wohnst du schon in Deutschland? - Ich lebe seit zehn Jahren in Deutschland.

11. Meine Mutter sagt, _____ ich sie zu selten besuche.

12. _____ du weiterhin nichts lernst, wirst du die Prüfung nicht bestehen.

13. _____ ich den Brief von meinem Bruder endlich erhalten hatte, schöpfte ich neue Hoffnung.

14. _____ du meine Hilfe brauchst, sag mir Bescheid.

15. Er sagt, _____ er meine Hilfe braucht.

16. Stefan fragt mich, _____ ich ihm heute Abend helfen kann.

17. Ich denke, _____ das Wetter in Köln nicht so gut ist wie das in München.

18. _____ meiner kranken Tochter gehe ich heute Abend mit Freundinnen ins Theater.

19. _____ meine Tochter krank ist, gehe ich heute Abend mit meinen Freunden in die Oper.

20. Das Wetter ist jetzt so schlecht, _____ bleiben wir heute zu Hause und gehen nicht spazieren.

21. Papa sagt, _____ wir an diesem Wochenende nach Amsterdam fahren.

22. _____ des schlechten Wetters bleiben wir an diesem Samstag zu Hause.

23. Meine Miete ist sehr hoch, _____ bleibe ich in dieser Wohnung, _____ sie so zentral liegt.

24. _____ dich am letzten Wochenende sah, warst du sehr traurig.

25. Heute muss ich früher ins Bett gehen, _____ ich morgen bereits um 8.00 Uhr einen wichtigen Termin habe.

26. _____ ich deine Einladung zur Geburtstagsparty bekommen hatte, war ich total glücklich.

27. Er hofft, _____ er die Prüfung bestehen wird.

28. _____ ich die im Internet bestellten Schuhe anprobiert hatte, war ich enttäuscht.

29. _____ ich so müde bin, möchte ich heute Abend unbedingt noch etwas Schönes unternehmen.

30. Ich würde so gerne wissen, _____ ich in diesem Jahr alles erreiche, was ich mir vorgenommen habe.

31. Ich hoffe sehr, _____ alles, was ich mir vorgenommen habe, in Erfüllung gehen wird.

32. _____ ich mir so viel Mühe gebe, verstehe ich das Thema „Genitiv" nicht gut.

33. Meine Oma fragt mich, _____ ich sie am nächsten Wochenende besuchen werde.

34. Ich weiß noch nicht, _____ ich am nächsten Wochenende meine Großeltern besuchen werde.

35. Meine Chefin kann sicher sein, _____ ich gut und fleißig arbeite.

36. Ich habe heute so viel Stress gehabt und bin so müde, _____ gehe ich heute früher ins Bett.

Übung 31   Bilden Sie die folgenden Sätze mit „deshalb" wie im Beispiel:

Ich arbeite zu viel, ich bin immer müde.

Ich arbeite zu viel, deshalb bin ich immer müde.

1. Ich habe am Wochenende Geburtstag, ich organisiere eine Geburtstagsparty.

_____

_____

2. Ich esse zu viel, ich bin dick.

_____

3. Das Wetter heute ist herrlich, wir gehen in den Park.

_____

4. Die Sonne scheint, wir gehen am Rhein spazieren.

_____

5. Ich schreibe morgen einen Test, ich lerne heute den ganzen Abend.

_____

6. Ich lebe in Deutschland, ich lerne die deutsche Sprache.

_____

7. Ich hatte gestern einen wichtigen Termin, ich war nicht in der Schule.

_____

8. Ich bin erkältet, ich kann heute nicht ins Büro kommen.

_____

9. Wir feiern bald den Karneval, ich kaufe interessante Karnevalskostüme.

_____

10. Ich habe Hunger, ich gehe in die Mensa.

_____

11. Der Winter in Deutschland ist kalt, ich brauche eine warme Jacke.

_____

12. Meine Freundin hat bald Geburtstag, ich brauche ein gutes Geschenk.

_____

13. Ich habe Fieber, ich bleibe heute im Bett.

_____

14. Ich mache viel Sport, ich habe einen muskulösen Körper.

_____

15. Ich gehe fast jeden Tag ins Schwimmbad, ich bin schlank und durchtrainiert.

_____

_____

16. Ich mache jeden Tag Hausaufgaben, ich habe fast keine Probleme mehr mit der Grammatik.

_____

_____

17. Ich interessiere mich für deutsche Literatur, ich habe mehrere Bücher von Goethe zu Hause.

_____

_____

18. Ich bin so dick, ich mache ab Montag eine Diät.

_____

19. Ich habe bald Urlaub, ich gehe ins Reisebüro.

_____

Übung 32   Ergänzen Sie das Relativpronomen.

1. Das ist die Frau, _____ ich gestern kennengelernt habe.
2. Das ist der Mann, _____ aus Bonn kommt.
3. Das ist das Kind, _____ immer weint.
4. Das ist das Haus, in _____ ich wohne.
5. Das ist das Buch, _____ ich gestern gekauft habe.
6. Das Buch, aus _____ ich diese Übung genommen habe, ist empfehlenswert.
7. Iryna ist die Frau, _____ aus der Ukraine kommt.
8. Peyman ist der Mann, _____ aus dem Iran kommt.
9. Ich sehe den Freund, mit _____ ich gestern telefoniert habe.
10. Fatma ist die Schülerin, _____ immer lacht.
11. Nadine ist die Studentin, _____ sich für deutsche Geschichte interessiert.
12. Das Haus, in _____ ich wohne, ist sehr groß.
13. Die Wohnung, in _____ Natalja wohnt, ist gemütlich.
14. Der ICE, auf _____ ich seit 20 Minuten warte, hat viel Verspätung.
15. Die Freunde, mit _____ ich gestern telefoniert habe, wohnen in Dresden.
16. Das Auto, mit _____ ich gerne fahre, gehört meiner Frau.
17. Der Film, von _____ du mir erzählt hast, ist sehr interessant.
18. Das Hotel, in _____ wir unseren letzten Urlaub verbrachten, ist luxuriös.

19. Das ist der Lehrer, _____ uns immer viele Hausaufgaben gibt.

20. Das ist der Lehrer, mit _____ wir uns gern über die deutsche Kultur unterhalten.

21. Die Prüfung, auf _____ wir uns vorbereiten, ist sehr kompliziert.

22. Die Schule, in _____ wir Deutsch lernen, ist klein und gemütlich.

23. Das Thema, mit _____ wir Probleme haben, heißt: Relativpronomen.

24. Der Urlaub, von _____ ich so lange schon träume, findet im Oktober statt.

25. Die Stadt, in _____ wir wohnen, ist groß und schön.

26. Ich freue mich auf den Ausflug, _____ wir am Wochenende machen.

27. Der Palast, _____ wir gestern besichtigt haben, heißt „Justizpalast".

28. Das Schloss, _____ wir vorgestern besucht haben, heißt Linderhof.

29. Der Schriftsteller, über _____ ich eine Sendung gesehen habe, heißt Thomas Mann.

30. Die Arbeitsstelle, auf _____ ich mich bewerbe, ist sehr anspruchsvoll.

31. Der Karnevalsverein, in _____ ich Mitglied bin, ist sehr alt.

32. Die Organisation, für _____ ich mich engagiere, kümmert sich um Obdachlose.

33. Der Mann, in _____ sie sich verliebte, heißt Klaus.

34. Der Nachbar, über _____ ich mich immer ärgere, wohnt im vierten Stock.

35. Nadine ist die Schülerin, _____ immer fleißig lernt.

Übung 33   Bilden Sie Sätze mit „dass" wie im Beispiel:

Der Arzt sagt, ich arbeite zu viel.

Der Arzt sagt, dass ich zu viel arbeite.

1. Unser Lehrer sagt, wir lernen zu wenig.

   _____

2. Mein Sohn sagt, er besucht mich am Wochenende.

   _____

3. Papa sagt, ich schlafe zu viel.

   _____

4. Mama sagt, ich besuche sie zu selten.

   _____

5. Es ist gut, wir haben bald Ferien.

   _____

6. Es ist gut, wir sind bald fertig mit unserem Deutschkurs.

   _____

7. Es ist gut, das Wetter ist heute so schön.

   _____

8. Es ist gut, wir gehen am Wochenende in die Disco.

   _____

9. Es ist gut, du machst fast keine Fehler mehr.

   _____

10. Es ist gut, du gehst jeden Tag zum Sport.

_____

11. Es ist schade, das Wetter ist so schlecht.

_____

12. Es ist schade, es ist heute so regnerisch.

_____

13. Es ist schade, ich habe so wenig Zeit für meine Familie.

_____

14. Es ist schade, die Luft in unseren Städten wird immer schmutziger.

_____

15. Er sagt, er braucht meine Hilfe.

_____

16. Ich hoffe, ich bestehe die Prüfung.

_____

17. Ich hoffe, ich finde bald einen guten Job.

_____

18. Ich hoffe, du kannst mir helfen.

_____

19. Es ist großartig, unsere Fußballmannschaft hat gewonnen.

_____

20. Es ist großartig, ich verdiene bald mehr Geld.

_____

21. Es ist großartig, du hast ein tolles Jobangebot bekommen.

_____

22. Ich befürchte, unser ICE hat über 30 Minuten Verspätung.

_____

23. Ich befürchte, wir müssen unseren Urlaub verschieben.

_____

24. Ich befürchte, nicht alle Schüler werden die Prüfung bestehen.

_____

25. Es ist ganz toll, du kannst mich am Wochenende besuchen.

_____

26. Es ist wunderbar, du besuchst mich endlich mal.

_____

27. Ich denke, du bist ein guter Mensch.

_____

28. Ich glaube, Frau Müller ist eine sehr sympathische Person.

_____

29. Ich meine, ich habe Herrn Schmitz seit zwei Monaten nicht gesehen.

_____

30. Ich glaube, dieser Mann ist Architekt von Beruf.

_____

31. Ich hoffe, du kannst mir behilflich sein.

_____

32. Er sagt, er hat an diesem Wochenende keine Zeit.

_____

33. Es ist kaum zu glauben, du hast in der Lotterie gewonnen.

_____

34. Ich hoffe, ich verstehe bald die deutsche Grammatik gut.

_____

35. Ich glaube, ich habe diesen Mann schon mal gesehen.

_____

36. Er sagt, er mag diesen Schauspieler nicht.

_____

37. Ich glaube, ich habe dieses Lied schon mal gehört.

_____

38. Ich glaube, ich habe diesen Film schon mal gesehen.

_____

39. Es ist wunderbar, ich verstehe endlich mal alles.

_____

Übung 34   Nominativ/Dativ/Akkusativ (Teil 2). Ergänzen Sie bitte.

1. Er kommt aus _____ Theater, aus _____ Kaufhaus, aus _____ Schule, aus _____ Türkei, aus _____ Spanien, aus _____ Ukraine, aus _____ Bayern, aus _____ Slowakei, aus _____ Tschechien, aus _____ Frankreich, aus _____ Iran, aus _____ Polen, aus _____ Indien.

2. Sie kommt aus _____ Spanien, aus _____ Magdeburg, aus _____ Mongolei, aus _____ Niedersachsen, aus _____ Irak, aus _____ Köln.

3. Ich zeige das neue, interessante Buch auch mein_____ Bruder, mein_____ Schwester, mein_____ Sohn, mein_____ Vater, mein_____ Schüler, mein_____ Schülerin, mein_____ Freund, mein_____ Freundin, mein_____ Tochter, mein_____ Kollegin, mein_____ Chef und mein_____ Nachbarn.

4. Das ist mein_____ Onkel und ich spreche mit mein_____ Onkel über _____ Wetter, über sein_____ Frau und über sein_____ Job.

5. Nach _____ Abendessen gehen wir in _____ Wohnzimmer zu_____ Fernsehen.

6. Die Müllers gehen mit ihr_____ Tochter und mit ihr_____ Hund in _____ Park.

7. Sie gehen mit ihr_____ Kindern und mit ihr_____ Großeltern spazieren.

8. Das Buch liegt auf _____ Tisch _____ Wohnzimmer.

9. Er arbeitet auf _____ Baustelle in der Nähe von _____ Leipzig.

10. Du kommst aus _____ Slowakei und fliegst nach _____ Spanien mit dein_____ Sohn und mit dein_____ Tochter.

11. Meine Brille liegt in _____ Tasche meiner Frau i____ Wohnzimmer.

12. Ich gehe jetzt mit mein_____ Freund in____ Kino und danach zu____ Hauptbahnhof.

13. Du fährst mit _____ Fahrrad und ich fahre mit _____ Taxi.

14. Er telefoniert mit sein_____ Vater aus _____ Büro und sein Vater telefoniert aus _____ Krankenhaus.

15. Nach _____ Büro fahre ich mit mein_____ Frau zu____ Kindergarten.

16. Ich gehe mit mein_____ Tochter und mit mein_____ Sohn zu____ Konzert.

17. Nach _____ Abendessen gehen wir in _____ Disco und nach _____ Disco gehen wir in____ Bett.

18. Meine Freundin kommt aus _____ Türkei und sie sagt, dass das Wetter in _____ Türkei immer gut ist.

19. Wir fliegen in _____ Slowakei. In _____ Slowakei ist das Wetter auch überwiegend schön.

20. Ich komme aus _____ Spanien, Elisa kommt aus _____ Italien und Özlem kommt aus _____ Türkei.

21. Ist das Wetter in _____ Türkei auch immer gut? – Ja, in _____ Türkei ist das Wetter immer gut.

22. Die Familie Schmitz kommt aus _____ Deutschland und die Familie Bürlikofer kommt aus _____ Schweiz.

23. Die Vase steht auf _____ Tisch, auf _____ Boden, unter _____ Tisch, auf _____ Kommode.

24. Die Tasche liegt auf _____ Tisch, auf _____ Boden, unter _____ Tisch, auf _____ Sofa, auf _____ Sessel, auf _____ Konsole.

25. Ich lege das Handy auf _____ Tisch, auf _____ Boden, in _____ Tasche, in _____ Schrank.

26. Meine Kreditkarte liegt in _____ Tasche, in _____ Schublade, auf _____ Tisch, auf _____ Nachttisch.

27. Ich lege meine Kreditkarte auf _____ Tisch, in _____ Tasche, auf _____ Nachttisch.

28. Mein Schlüssel liegt in _____ Tasche, in _____ Schublade.

29. Ich lege mein_____ Schlüssel in _____ Tasche, in _____ Schublade, auf _____ Tisch.

30. Der Hund liegt auf _____ Sofa, auf _____ Bett, i____ Bett, unter _____ Sofa.

31. Mein_____ Wohnung hat ein_____ Balkon.

32. Nahe bei mein_____ Haus ist ein_____ Garten mit ein_____ Schwimmbad.

33. Ich fahre mit mein_____ Auto in _____ Schweiz und Tarkan fliegt mit _____ Flugzeug in _____ Türkei.

34. Wir sprechen mit unser_____ Nachbarin und mit unser_____ Hausmeister über unser_____ neuen Nachbarn.

35. Ich hänge das Bild an _____ Wand und mein Foto hängt jetzt schon an _____ Wand.

36. Ich hänge den Zettel an _____ Tür und mein Name steht an _____ Tür.

37. Wir fliegen mit _____ Flugzeug nach Spanien zu unser_____ Onkel Carlos.

38. Er spricht mit sein_____ Lehrer in _____ Schule.

39. Ich sehe mein_____ Lehrerin dort drüben i____ Park.

40. Wir telefonieren mit unser_____ Onkel und mit unser_____ Tante.

41. Die Post befindet sich gegenüber _____ Rathaus.

42. Ich wohne gegenüber _____ Kölner Dom.

43. Ich komme dein_____ Wunsch entgegen.

Übung 35   Ergänzen Sie mit Präpositionen.

1. Die Praxis des Herrn Dr. Strobel spezialisiert sich _____ Herzerkrankungen.

2. Ich weiß ganz genau, dass ich mich _____ meine Nachbarn immer verlassen kann.

3. _____ das wechselhafte Wetter in Köln kann man sich nur wundern.

4. Er streitet sich jeden Tag _____ seiner Frau.

5. Wir diskutieren _____ unserem Lehrer jeden Tag _____ die deutschen Traditionen.

6. Ich verzichte _____ das fettige und ungesunde Essen.

7. Ich sehne mich _____ meiner Heimat.

8. In unserem Treppenhaus stinkt es immer _____ Haustieren.

9. Der Cocktail besteht _____ Bananensaft, Kirschsaft und _____ Wodka.

10. Meine Eltern haben mich öfter _____ diesen Freunden gewarnt.

11. Die Knirscherschiene schützt unsere Zähne _____ Knirschen.

12. Marianne interessiert sich _____ deutsche Volksmusik.

13. Ich diskutiere ungern _____ meinen Studenten _____ die Währungspolitik der EU.

14. Ich habe gestern einen interessanten Film gesehen, in dem es _____ die deutsche Wiedervereinigung ging.

15. In diesem Buch geht es _____ die Geschichte der DDR.

16. Mein Arzt sagt, ich muss _____ alkoholische Getränke verzichten.

17. Diese leckere Suppe riecht _____ Spargel.

18. Brigitte hat _____ der Universität von Dresden studiert.

19. Ich sehne mich _____ meinen Großeltern.

20. Unsere Firma spezialisiert sich _____ Werbung.

21. Angela wundert sich _____ ihren älteren Bruder, der immer so laut Musik hört.

22. Die Mitglieder des Rates der Stadt Bonn unterhalten sich in der heutigen Sitzung _____ die Neugestaltung des Bahnhofsvorplatzes.

23. Meine Eltern diskutieren schon wieder _____ ihren nächsten Sommerurlaub.

24. Ich erwarte _____ meinem Mann volles Verständnis.

25. In diesem Bericht geht es _____ die Migrationspolitik.

26. Dieser leckere Salat duftet _____ Parmesan.

27. Gabriel bewirbt sich _____ eine neue Arbeitsstelle.

Übung 36   Ergänzen Sie die Artikel im Nominativ, Dativ oder Akkusativ.
            Vergessen Sie nicht, sich vorher die richtige Frage zu stellen: „wo?" oder „wohin?"

1. Das Buch liegt auf _____ Tisch. Ich lege das Buch auf _____ Tisch.
2. Der Hund liegt unter _____ Tisch. Ich lege den Hund unter _____ Tisch.
3. Die Vase steht auf _____ Tisch. Ich stelle die Vase auf _____Tisch.
4. Die Blumen stehen in _____ Vase. Ich stelle die Blumen in _____ Vase.
5. Das Handy liegt auf _____ Tisch. Ich lege das Handy in _____ Tasche.
6. Die Brille liegt auf _____ Regal. Ich lege die Brille in _____ Schublade.
7. Der Lippenstift liegt auf _____ Nachttisch. Ich lege den Lippenstift in _____ Tasche.
8. Die CD liegt auf _____ Schreibtisch. Ich lege die CD auf _____ Esstisch.
9. Das Bild hängt an _____ Wand. Ich hänge das Foto an _____ Wand.
10. Das Plakat hängt an _____ Wand. Ich hänge die Wohnungsanzeige an _____ Wand.
11. Die Katze liegt auf _____ Sofa. Ich lege die Katze auf _____ Boden.
12. Ich stelle das Sofa an _____ Wand. Das Sofa steht neben _____ Wand.
13. Ich hänge unser Familienfoto an _____ Wand. Unser Familienfoto hängt an _____ Wand.
14. Ich stelle die Schuhe vor _____ Tür. Die Schuhe stehen vor _____ Tür.
15. Mein Terminkaleder liegt auf _____ Schreibtisch. Ich lege meinen Terminkalender auf _____ Schreibtisch.
16. Der Schlüssel steckt in _____ Schloss. Ich stecke den Schlüssel in _____ Schloss.
17. Meine Fahrkarte liegt auf _____ Kühlschrank. Ich lege meine Fahrkarte in _____ Schublade.

Übung 37   Ergänzen Sie die Sätze wie im Beispiel:
            Mit welch**em** Freund sprichst du? – Mit dies**em**.

1. Mit welch_____ Mann telefonierst du? – Mit dies_____.
2. Welch_____ Mann hast du dein Handy gegeben?- Dies_____.
3. Aus welch_____ Land kommst du? – Aus dies_____.
4. Mit welch_____ Kollegin telefonierst du?- Mit dies_____.
5. In welc_____ Stadt wohnst du?- In dies_____.
6. Über welch_____ Film sprichst du?- Über dies_____.
7. Über welch_____ Freund ärgerst du dich?- Über dies_____.
8. Mit welch_____ Bus bist du gekommen? – Mit dies_____.
9. Welch_____ Auto hast du?- Dies_____.
10. Aus welch_____ Stadt kommt dein Schwager? - Aus diese_____.
11. Welch_____ Freundin schenkst du diesen wunderschönen Blumenstrauß? – Dies_____.
12. Durch welch_____ Park gehst du öfter nach Hause?- Durch dies_____.
13. In welche_____ Semester studierst du? –Im fünften.
14. Mit welch_____ Fluggesellschaft fliegst du? – Mit die_____ italienischen.
15. Gegenüber welch_____ Bank befindet sich dein Büro? – Gegenüber die_____ großen, modernen Bank.

Übung 38   Setzen Sie die passende Form von „mögen" / „wollen" / „können" etc. ein.

1. Jetzt _____ ich Nudeln nicht mehr, früher _____ ich Nudeln sehr gern.

2. Als ich ein Kind war _____ ich laute Musik, jetzt _____ ich leise entspannende Melodien.

3. Ich hatte gestern leider keine Zeit für meine Familie, ich _____ leider arbeiten. Heute _____ ich Gott sei Dank nicht arbeiten, heute habe ich Zeit für meine Lieben.

4. _____ du heute Abend zu mir kommen und mir helfen? – Nein, heute _____ ich nicht kommen, ich _____ heute bis 21 Uhr arbeiten. Gestern _____ ich machen, was ich _____ , aber heute _____ ich leider nicht.

5. Vor 25 Jahren _____ wir ein Visum haben, um nach Portugal zu fliegen, heutzutage _____ wir ohne Visum in alle EU-Länder reisen. Für die USA _____ wir ein Visum haben.

6. Ich _____ gestern Abend mit meinen Kumpels ins Kino gehen, aber ich _____ nicht, weil ich arbeiten _____ .

7. Heute habe ich Zeit und ich _____ mit dir etwas Schönes unternehmen.

8. Ich _____ am letzten Wochenende meine Eltern besuchen, aber ich _____ nicht, weil ich keine Zeit hatte.

9. _____ Sie noch eine Tasse Tee? – Herzlichen Dank, ich _____ lieber ein Glas Wasser.

10. Als Jugendlicher _____ ich immer viel lernen und ich _____ leider nie mit meinen Freunden in die Disco gehen.

11. Liebe Mutti, entschuldige, ich _____ dich gestern Abend anrufen, aber ich habe es vergessen.

Lösungen

Übung 1 Trennbare Verben. Ergänzen Sie bitte diese Sätze mit den trennbaren Verben. Beachten Sie dabei, dass das trennbare Präfix ans Ende des Satzes geht.

1. Du stehst um 8 Uhr auf (aufstehen).
2. Papa schaltet die Kaffeemaschine ein (einschalten).
3. Christian wacht um 8.00 Uhr auf (aufwachen).
4. Julia sucht sich neue Schuhe aus (aussuchen).
5. Du steigst in die U-Bahn ein (einsteigen).
6. Er schaltet seinen Computer aus (ausschalten).
7. Du kaufst bei REWE ein (einkaufen).
8. Christian zieht von Würzburg nach Ingolstadt um (umziehen).
9. Er zieht Ende Juli aus (ausziehen).
10. Julia zieht Anfang September in ihre neue Wohnung ein (einziehen).
11. Claudia hängt einen Zettel auf (aufhängen).
12. Er hängt einen Zettel auf (aufhängen).
13. Klaus steigt am Ebertplatz in die Linie 9 ein (einsteigen).
14. Er steigt am Neumarkt aus (aussteigen).
15. Unsere Mama macht das Fenster im Wohnzimmer auf (aufmachen).
16. Angela steht um 8 Uhr auf (aufstehen).
17. Um wie viel Uhr stehst du auf? (aufstehen).
18. Wie oft rufst du deine Eltern an? (anrufen).
19. Viele Fahrgäste steigen in Nürnberg aus (aussteigen).
20. Wir lesen die Übung weiter (weiterlesen).
21. Warum liest du den Text nicht weiter? (weiterlesen).
22. Die Familie Schuster kommt in Dresden um 14.30 Uhr an (ankommen).
23. Die Müllers fahren über Osnabrück nach Oldenburg weiter (weiterfahren).
24. Stefan trägt die Kartons hoch (hochtragen).
25. Tim und Heike ziehen bald in die neue Wohnung ein (einziehen).
26. Sabine zieht ihre neue Winterjacke an (anziehen).
27. Unser Flugzeug kommt um 19 Uhr am Flughafen an (ankommen).
28. Wolfgang meldet sich in einem Fitnessstudio an (anmelden).
29. Am Samstag kommen wir nach Paderborn zurück (zurückkommen).
30. Frau Schilling trocknet ihr Geschirr ab (abtrocknen).

Übung 2 Nominativ/Dativ/Akkusativ (Teil 1). Ergänzen Sie bitte diese Sätze.

1. Das ist ein Mann, eine Frau, ein Mädchen, mein Mann, meine Frau, unsere Tochter, seine Tochter.
2. Du telefonierst mit einem Mann, einer Frau, einem Mädchen, einer Nachbarin, einer Kollegin, einem Freund.
3. Ich sehe einen Mann, eine Frau, ein Kind, eine Nachbarin, einen Lehrer, einen Freund, eine Freundin, ein Mädchen.
4. Das ist ein Haus, mein Haus, sein Haus, mein Büro, sein Büro, meine Schule, seine Schule, ein Geschäft.
5. Du fährst mit einem Fahrrad, mit dem Fahrrad, mit einem Bus, mit dem Bus, mit der U-Bahn.
6. Er telefoniert mit seinem Chef, mit seiner Chefin, mit ihrem Bruder, mit einem Freund, mit unserem Onkel, mit einem Handwerker, mit einem Arzt, mit seiner Ärztin, mit unserem Sohn.
7. Er geht mit seinem Kind und seiner Frau in den Park.
8. Das ist mein Sohn und das ist meine Tochter.
9. Wir fliegen mit dem Flugzeug in den Urlaub.
10. Du fährst mit dem Auto von der Schule nach Hause und ich fahre mit der Bahn von der Schule nach Hause.
11. Das ist mein Lehrer. Ich spreche mit meinem Lehrer über das Wetter.
12. Sie telefoniert mit ihrer Schwester.
13. Nach der Arbeit gehe ich zu meinem Bruder.
14. Er telefoniert mit seinem Chef, mit seiner Chefin, mit ihrem Bruder, mit ihrem Onkel.
15. Das ist mein Haus, mein Mann, mein Vater, meine Kollegin, meine Nichte.
16. Er geht in den Park, in die Schule, ins Theater, ins Museum, in die Kneipe.
17. Er kommt aus dem Theater, aus dem Kaufhaus, aus der Schule, aus der Türkei, aus Spanien, aus der Ukraine, aus Bayern, aus Tschechien, aus Frankreich, aus dem Iran, aus Polen, aus Indien.
18. Ich gebe meinem Bruder, meiner Schwester, meinem Sohn, meinem Vater das Buch.
19. Das ist mein Onkel. Ich spreche mit meinem Onkel über das Wetter.
20. Nach dem Abendessen gehen wir zum Fernsehen ins Wohnzimmer.
21. Die Mettenmeiers gehen mit ihrer Tochter in den Park.

22. Sie gehen mit ihrer Tochter und mit ihrem Hund spazieren.
23. Das Buch liegt auf dem Tisch im Wohnzimmer.
24. Er arbeitet auf der Montage in der Nähe von Düsseldorf.
25. Du kommst aus der Slowakei und fliegst nach Spanien.
26. Meine Brille liegt in der Tasche im Wohnzimmer.
27. Ich gehe jetzt ins Kino und danach zum Hauptbahnhof.
28. Du fährst mit dem Fahrrad und ich fahre mit dem Zug.
29. Er telefoniert mit seinem Vater aus dem Büro.
30. Nach der Arbeit fahre ich zum Kindergarten.
31. Ich gehe mit meiner Tochter und mit meinem Sohn zum See.
32. In unserer Wohnung essen wir einen Salat.
33. Nach dem Abendessen gehen wir in die Disco und nach der Disco gehen wir ins Bett.
34. Meine Freundin kommt aus dem Iran. Sie sagt, dass das Wetter im Iran immer gut ist.
35. Wir fliegen in die Schweiz, in der Schweiz ist das Wetter auch meistens schön.
36. Ich komme aus Spanien und Elena kommt aus der Ukraine.
37. Ist das Wetter in der Ukraine auch immer gut?
38. Ich fliege in die Türkei. In der Türkei scheint immer die Sonne.
39. Er fährt mit dem ICE in die Schweiz. Von der Schweiz fährt er in die Slowakei.
40. Ich fliege mit meiner Tochter in die Mongolei.

Übung 3   Ergänzen Sie bitte diese Sätze mit „nach" / „aber" / „denn" / „und".

1. Wir fahren am Wochenende nach Düsseldorf oder nach Köln.
2. Ich esse gerne Wurst, aber ohne Brötchen.
3. Er geht zum Arzt, denn er ist krank.
4. Ich möchte eine große und günstige Wohnung haben, aber leider finde ich keine.
5. Die deutsche Sprache ist sehr schön, aber sehr schwierig.
6. Er backt eine Torte, denn er bekommt heute Gäste.
7. Er fliegt nach München und besucht dort seine Eltern.
8. Stefan bleibt heute zu Hause, weil er krank ist.
9. Maximilian kauft einen Blumenstrauß, denn seine Mutter hat heute Geburtstag.
10. Süßigkeiten sind sehr lecker, aber ungesund.

Übung 4   Perfekt. Ergänzen Sie bitte diese Sätze. Entscheiden Sie, in welchen Sätzen das Hilfsverb „sein" und in welchen Sätzen das Hilfsverb „haben" verwendet wird.

1. Er ist um 22 Uhr eingeschlafen (einschlafen).
2. Peter hat mit seiner Schwester telefoniert (telefonieren).
3. Wir sind mit der U-Bahn zum Barbarossaplatz gefahren (fahren).
4. Unser Flugzeug ist am Flughafen Köln-Bonn gelandet (landen).
5. Meine Oma hat einen leckeren Käsekuchen gebacken (backen).
6. Walter ist nach Rom geflogen (fliegen).
7. Barbara hat mich zum Geburtstag eingeladen (einladen).
8. Wir sind am letzten Freitag nach St. Petersburg geflogen (fliegen).
9. Er hat seine Oma in Bielefeld besucht (besuchen).
10. Sabine hat mit ihren Eltern ein Picknick gemacht (machen).
11. Udo hat mich zum Abendessen eingeladen (einladen).
12. Wir haben bereits zweimal miteinander telefoniert (telefonieren).
13. Du bist von Leverkusen nach Aachen umgezogen (umziehen).
14. Wir haben viele neue Wörter gelernt (lernen).
15. In unserem Urlaub in Spanien haben wir viele Städte besucht (besuchen).
16. Im letzten Jahr sind wir in Paris gewesen (sein).
17. Gestern Abend habe ich fast eine Stunde lang mit meiner Mutter telefoniert (telefonieren).
18. Als wir im letzten Sommer in Dresden waren, haben wir viele Sehenswürdigkeiten besichtigt (besichtigen).
19. Ich habe alle neuen Wörter für den Test gelernt (lernen).
20. Stefan hat mir eine lange SMS geschrieben (schreiben).
21. Uli ist am letzten Wochenende nach Moskau geflogen (fliegen).
22. Ralph hat mir gestern eine wichtige Mail gesendet (senden).
23. Timo hat mir von seinem Aufenthalt in Südafrika berichtet (berichten).
24. Ich bin gestern erst um 7.30 Uhr aufgewacht (aufwachen).
25. Irmgard hat 50 Freunde zu ihrem 50. Geburtstag eingeladen (einladen).
26. In meinem letzten Urlaub bin ich die ganze Zeit krank gewesen (sein).
27. Ich habe mich oft an meine Kindheit erinnert (erinnern).
28. Nach dem Konzert bin ich um 20 Uhr nach Hause gegangen (gehen).

29. Wolfgang ist um 7.00 Uhr aufgewacht (aufwachen).
30. Der Film hat zwei Stunden gedauert (dauern).
31. Wir haben gestern Abend einen interessanten Film gesehen (sehen).
32. Rudi hat ein neues Handy für seine Tochter gekauft (kaufen).
33. Unser Lehrer hat in der Pause das Fenster aufgemacht (aufmachen).
34. Kathrin hat ihre gemütliche Wohnung am Wochenende aufgeräumt (aufräumen).
35. Stefan und Gabi haben am letzten Freitag ihre Hochzeit gefeiert (feiern).
36. Mein Opa hat mein altes Fahrrad repariert (reparieren).
37. Hast du den Weihnachtsmarkt in Nürnberg besucht? (besuchen).
38. Silke ist nach Athen geflogen (fliegen).
39. Uli hat eine Fahrkarte nach Würzburg gekauft (kaufen).
40. Ich habe meiner Mutter zum Geburtstag einen Blumenstrauß geschenkt (schenken).
41. Otto hat uns zu einem leckeren bayrischen Abendessen eingeladen (einladen).
42. In unserem Urlaub in Italien haben wir viele nette Menschen kennengelernt (kennenlernen).
43. Die Weißwurst in München hat uns sehr gut geschmeckt (schmecken).
44. Meine Oma hat früher öfters leckere Kekse gebacken (backen).
45. Gestern war ich krank und bin zu Hause geblieben (bleiben).
46. Wie lange habt ihr in Düsseldorf gewohnt? (wohnen).
47. Claudia hat von ihrer Reise nach Ostfriesland erzählt (erzählen).
48. Hast du die SMS von Alex bekommen? (bekommen).
49. Ich habe mich sehr über deine Einladung gefreut (freuen).
50. Ich habe einen Brief von meinem Bruder bekommen (bekommen).
51. Luisa hat ein interessantes Buch von Thomas Mann gelesen (lesen).
52. Haben Sie in Wien die Sachertorte probiert? (probieren).
53. Lucia hat einen leckeren Salat zubereitet (zubereiten).
54. Christian ist nach Rom geflogen (fliegen).
55. Der Polizist hat ihn über seine Rechte informiert (informieren).
56. Am Neumarkt bin ich aus der Linie 7 ausgestiegen (aussteigen).
57. Im letzten September habe ich meine Verwandten in Bayern besucht (besuchen) und ich habe Schloss Linderhof besichtigt (besichtigen)

Übung 5   Ergänzen Sie die Verben im Perfekt.

Liebe Eva,

wir haben uns so lange nicht gesehen (1.sehen). Wie geht es dir denn? Bei mir gibt es etwas Neues! Ich glaube, ich habe mich verliebt (2.verlieben). Am letzten Freitag bin ich nach der Uni mit der U-Bahn nach Hause gefahren (3.fahren). In der U-Bahn habe ich einen sympathischen Mann gesehen (4.sehen). Er hat mich die ganze Zeit angeschaut (5.anschauen) und mich immer wieder sehr nett angelächelt (6.anlächeln). Dann hat er mich gefragt (7.fragen), ob ich aus München komme. Ich habe ja gesagt (8.sagen). Er hat mir schließlich seine Handynummer gegeben (9.geben) und hat mich für nächsten Sonntag zum Abendessen eingeladen (10.einladen). Er hat mir erzählt (11.erzählen), dass er Lucas heißt. Am Stachus bin ich aus der U-Bahn ausgestiegen (12.aussteigen) und habe mich von ihm verabschiedet (13.verabschieden). Gestern Abend habe ich Lucas angerufen (14.anrufen). Wir haben eine Stunde lang telefoniert (15.telefonieren). Lucas hat mir alles über sein Leben erzählt (16.erzählen). Er hat mir von seinem Aufenthalt in Niedersachsen berichtet (17.berichten) und hat von seinem Studium in Oldenburg geschwärmt (18.schwärmen). Nach dem Gespräch mit ihm bin ich sofort eingeschlafen (19.einschlafen) und habe sehr lange geschlafen (20.schlafen). Heute Morgen bin ich um 8 Uhr aufgewacht (21.aufwachen). Mein Wecker hat mich geweckt (22.wecken). In meinem Handy habe ich eine liebe SMS von Lucas entdeckt (23.entdecken). Er hat mir geschrieben (24.schreiben), dass er sich über unser Treffen in der U-Bahn sehr gefreut hat (25.freuen). Ich bin sehr auf das nächste Treffen mit ihm gespannt. Jetzt muss ich Schluss machen und noch eine Präsentation für die Uni vorbereiten.
Lass bald von dir hören! Deine Barbara

Übung 6   Ergänzen Sie mit Modalverben.
           Beispiel: Ich _____ gut kochen. - Lösung: Ich kann gut kochen.

1. Meine Frau kann leider nicht kochen. Dafür kann meine Mutter hervorragend kochen.
2. Als Kind konnte ich wunderbar singen. Jetzt möchte ich wie damals singen können, aber es geht leider nicht.
3. Alle, die Geld verdienen, müssen Steuern zahlen.
4. Alle Kinder in Deutschland müssen in die Schule gehen, das nennt man Schulpflicht.
5. Für mich soll es rote Rosen regnen, mir sollten sämtliche Wunder begegnen.
6. Kinder dürfen nicht rauchen.
7. Musst du am Wochenende arbeiten? – Ja, ich muss leider sowohl am Samstag als auch am Sonntag arbeiten.
8. Kannstdu mir bitte deinen Kugelschreiber kurz geben? – Ja gerne, du kannst (darfst) ihn auch behalten, ich brauche ihn nicht.
9. Ich kann heute leider nicht in die Disco kommen, ich muss lernen, weil ich morgen einen wichtigen Test schreibe.

10. Guten Tag, kann ich Ihnen helfen?
11. Guten Tag, kann ich Ihnen behilflich sein?
12. Möchten Sie noch etwas trinken?
13. Meine Oma kann wunderbar kochen und backen, meine Frau kann (will) in der Küche nichts machen.
14. Entschuldigung, ich möchte noch eine Tasse Kaffee, bitte.
15. Mein Arzt sagt, ich muss unbedingt diese neuen Tabletten einnehmen.
16. Es ist ein dummes Klischee, wenn jemand behauptet, dass Frauen schlechter Auto fahren können als Männer.
17. Der Polizist sagt, ich darf hier nicht so schnell fahren. Jetzt muss ich eine Strafe zahlen.
18. Um in die USA fliegen zu dürfen, muss man ein Visum haben. Ohne Visum darf man dort nicht einreisen.
19. Meine Mutter fragt mich schon zum zehnten Mal, ob ich Hunger habe und noch etwas essen möchte (will), aber ich bin vollkommen satt.
20. Ich spreche noch nicht so gut Deutsch, aber ich kann schon vieles verstehen.

Übung 7   Verben mit Präpositionen.
           Ergänzen Sie die Präpositionen und die Fragen, die der schwerhörige Opa stellt!

1. Ich freue mich auf den Urlaub. - Worauf freust du dich?
2. Ich unterhalte mich gern mit meinem Kind. - Mit wem unterhältst du dich gern?
3. Ich spiele gern mit meinem Handy. - Womit spielst du gern?
4. Stefan achtet sehr auf seine Haare. - Worauf achtet Stefan sehr?
5. Unsere Politiker engagieren sich für die Rechte der Kinder. - Wofür engagieren sie sich?
6. Ich freue mich auf den Urlaub im nächsten Monat. - Worauf freust du dich?
7. Ich bewerbe mich um einen neuen Job. - Worum bewirbst du dich?
8. Christian denkt oft an seine Eltern. - An wen denkt Christian oft?
9. Wir warten seit 20 Minuten auf unseren Zug. - Worauf wartet ihr?
10. Wir unterhalten uns gern mit unserem Lehrer über die Geschichte. - Mit wem unterhaltet ihr euch gern und worüber?
11. Du denkst oft an deine Kinder. - An wen denke ich oft?
12. Meine Oma hat sich immer um mich gekümmert. - Um wen hat sich deine Oma gekümmert?
13. Ich mache mir Sorgen um meine Eltern. - Um wen machst du dir Sorgen?
14. Mein Cocktail besteht aus Wasser und Saft. - Woraus besteht dein Cocktail?
15. Ich chatte oft mit meiner Schwester. - Mit wem chattest du oft?
16. Silke bereitet sich auf die Prüfung vor. - Worauf bereitet sich Silke vor?
17. Walter hofft auf eine gute Zukunft für seine Kinder. - Worauf hofft Walter?
18. Stefan wartet zu Hause auf seine Eltern. - Auf wen wartet Stefan?
19. Julia wartet schon eine halbe Stunde lang auf ihre Bahn. - Worauf wartet Julia?
20. Ich denke oft an meine Zukunft. - Woran denkst du oft?
21. Ich hoffe auf gutes Wetter am Wochenende. - Worauf hoffst du?
22. Ich sende eine Mail an meinen Bruder. - An wen sendest du die Mail?
23. Meine Mutter engagiert sich für arme Kinder. - Für wen engagiert sich deine Mutter?
24. Wir fahren mit dem Taxi zum Hauptbahnhof. - Womit fahren wir zum Hbf?
25. Ich habe gestern mit der Hotline meines Internetanbieters telefoniert. - Mit wem hast du telefoniert?
26. Ich telefoniere oft mit meinen Großeltern. - Mit wem telefonierst du oft?
27. Meine Cousine achtet sehr auf ihren Körper und auf ihre Ernährung. - Worauf achtet deine Cousine?
28. Ich interessiere mich für moderne Kunst. - Wofür interessierst du dich?
29. Mein Arzt sagt, ich muss besser auf meine Zähne achten. - Worauf musst du besser achten?
30. Claudia bereitet sich auf die Prüfung vor. - Worauf bereitet sich Claudia vor?

Übung 8   Ergänzen Sie die Sätze mit Präpositionen.
           Beispiel: Ich habe mich vor einem halben Jahr **um** eine neue Stelle beworben.

1. Ich bin 45 Jahre alt und habe mich noch nie um eine Stelle beworben.
2. Linda achtet sehr auf gute Kleidung.
3. Alex ärgert sich über seinen Kollegen.
4. Stefan setzt sich für den Tierschutz ein.
5. Wir stellen uns auf gutes Wetter am Wochenende ein.
6. Erinnern Sie sich an Ihre Kindheit?
7. Du hoffst auf eine gute Note bei der Sprachprüfung.
8. Christian denkt oft über sein Leben nach.
9. Wir bedanken uns bei unserem Lehrer.
10. Sandra wohnt mit ihren Eltern zusammen.
11. Der neue BMW fährt an meinem Haus vorbei.
12. Wir streiten uns nie mit unseren Nachbarn.
13. Meine Mutter experimentiert gerne mit Haarfarben.
14. Ich richte mich nach dir.

15. Der Salat riecht nach Olivenöl.
16. Die Handschuhe schützen vor der Kälte.
17. Die Sonnencreme schützt vor der Sonne.
18. Irmgard streitet sich oft mit ihren Schwestern.
19. Viele Künstler mussten vor Nazis ins Ausland fliehen.
20. Du riechst nach Zwiebeln.
21. Ich erinnere mich gern an meinen letzten Urlaub.
22. Herr Schmitz beschwert sich bei seinem Vermieter.
23. Thomas bedankt sich bei seinen Eltern für das Geschenk.
24. Ich erinnere mich nicht an diese Wörter.
25. Ich achte auf mein Aussehen.
26. Ich freue mich auf den Urlaub in Spanien.
27. Ich diskutiere ungern mit meinem Vater.
28. Ich kämpfe gegen den Rassismus.
29. Ich engagiere mich für meine Kirchengemeinde.
30. Unsere Politiker kämpfen gegen Intoleranz.
31. Ich kümmere mich um meine alte, alleinstehende Nachbarin.
32. Mark ärgert sich über seinen Chef.
33. Ich kämpfe für mehr Toleranz in unserer Gesellschaft.
34. Ich beschwere mich bei der Rezeptionistin.
35. Ich achte immer auf meine Kinder.
36. Ich bedanke mich bei meinen lieben Freunden für das tolle Geschenk.
37. Peter ärgert sich über seine Schwester.
38. Ich streite mich ungern mit meiner Frau.
39. Ich hoffe auf eine gute Zukunft für meine Kinder.
40. Die Sonne wirkt sich negativ auf die Haut der Menschen aus.
41. Ich suche schon sehr lange nach einer Erklärung für dieses Phänomen.
42. Herr Miller, mit diesem Brief wende ich mich an Sie in einer wichtigen Angelegenheit.
43. Man schätzt die Bevölkerung von Deutschland auf über 80 Millionen Menschen.
44. Koffein wirkt sich negativ auf unser Nervensystem aus.
45. Die Firma „LLLL" profitiert von den niedrigen Ölpreisen.
46. Unser Oberbürgermeister wendet sich an alle Bürger.

Übung 9   Ergänzen Sie „wenn" oder „wann".

1. Wenn ich morgens in die Schule gehe, höre ich meine Lieblingsmusik.
2. Wenn ich nichts im Kühlschrank habe, esse ich bei meinen Eltern.
3. Meine Mutter hat mich gefragt, wann ich sie endlich wieder besuche.
4. Wenn ich früh aufstehen muss, gehe ich früh ins Bett.
5. Wann musst du morgen aufstehen? – Um 7 Uhr.
6. Wenn Sie geweckt werden möchten, sollten Sie mir die genaue Zeit sagen.
7. Wenn du weiterhin nichts lernst, wirst du die Prüfung nicht bestehen.
8. Wann hat dich dein Bruder gestern angerufen?
9. Ich kann dir nicht mehr genau sagen, wann wir gestern nach Hause gekommen sind. Es war jedenfalls sehr spät.
10. Mein Chef hat mich gefragt, wann ich zum letzten Mal eine Dienstreise gemacht habe.
11. Wenn du gesund sein willst, solltest du auf deine Ernährung achten.
12. Schreib bitte unseren Eltern, wann wir in Ulm ankommen. Wenn sie Zeit haben, sollen sie uns vom Bahnhof abholen.
13. Wenn ich müde bin, höre ich klassische Musik und schalte mein Handy aus.
14. Wenn du mit deinem eigenen Unternehmen nicht jetzt beginnst, wann dann?
15. Ich weiß nicht mehr wann die Party beginnt, ich glaube um 20 Uhr.
16. Wann hast du Johanna zum letzten Mal gesehen? – Ich glaube es war im letzten Sommer.
17. Wenn du weiterhin so viel isst, wirst du genau so dick werden wie Frau Müller von nebenan.
18. Wenn ich meinen Geburtstag feiere, lade ich alle meine Freunde ein.
19. Könntest du mir genau sagen, wann der Film zu Ende ist?
20. Wenn du weiterhin fleißig arbeitest, wirst du eine große Karriere machen.
21. Robert weiß auch nicht, wann unser bestelltes Essen endlich kommt.
22. Ich würde gerne wissen, wann Ihre Kollegin sich bei mir endlich melden wird.
23. Könnten Sie mir bitte sagen, wann der nächste Zug nach Lindau geht?
24. Wenn du traurig bist, schalte deine Lieblings-CD ein und iss ein bißchen Schokolade.
25. Wann warst du das letzte Mal in Berlin? – Im Mai.
26. Wenn ich alte Lieder von Hildegard Knef höre, werde ich an meine Oma erinnert.
27. Wenn ich eine Party organisiere, fange ich schon vier Wochen vorher mit der Planung an.
28. Meine Frau fragt mich jeden Tag, wann ich endlich anfange, selbst etwas zu kochen.
29. Wenn man krank ist, sollte man besser zu Hause im Bett bleiben.
30. Wenn du mir nicht mehr vertraust, sag es mir bitte direkt.

31. Ich habe unseren Sohn bereits zweimal gefragt, wann er vorhat, uns zu besuchen.
32. Wenn man zu viel arbeitet, hat man zu wenig Zeit für die Familie.
33. Unser kleiner Jonas möchte wissen, wann der Weihnachtsmann zu ihm kommt.
34. Meine Schwester trinkt immer Zitronentee mit viel Honig, wenn sie erkältet ist.
35. Unsere Großeltern haben immer gesagt, wenn wir nicht brav sind, wird uns der Osterhase keine Schokoladeneier bringen.
36. Wenn das Wetter gut ist, habe ich gute Laune.
37. Wenn du am Wochenende Zeit hast, kannst du gerne mit uns nach Passau fahren.
38. Wenn du mir nicht mehr vertraust, möchte ich nicht mehr dein Freund sein.
39. Wenn Sie Herrn Stitz wieder sehen, bestellen Sie ihm schöne Grüße von mir.
40. Könntest du bitte deinen Bruder fragen, wann sein Vortrag in der Schule beginnt?
41. Ich bin glücklich, wenn meine Kinder glücklich sind.
42. Er fragt mich immer wieder, wann ich ihn besuchen möchte.
43. Wenn du meine Hilfe brauchst, gib mir bitte Bescheid.
44. Könntest du mir bitte nochmal sagen, wann und wo wir uns treffen?
45. Wann beginnt das Konzert?

Übung 10   Schreiben Sie Sätze mit „während".

Während Stefan gern Fleisch isst, isst Christian gern Fisch.
Während Elke gern klassische Musik hört, liebt Jonas Popmusik
Während ich im Büro bin, liegt mein Mann mit Fieber im Bett.
Während ich gern mit dem Auto fahre, fliegt mein Mann gern
Während Stefan den Sommer mag, liebt Antonia den kalten Winter.
Während ich von 14 bis 16 Uhr im Fitnessstudio bin, spielt meine Frau mit den Kindern.
Während ich gerne in warme Länder fliege, verbringt mein Bruder seinen Urlaub gern im Norden.
Während ich Tag und Nacht arbeite, faulenzt meine Schwester zu Hause.
Während ich auf der zwanzigsten Etage im Büro sitze, sitzt meine Tochter im ICE nach Frankfurt.
Während ich gern asiatisch esse, liebt meine Frau französische Küche.
Während ich jeden Tag gern Bier trinke, hasst meine Frau alles Alkoholische.
Während ich mich für moderne Kunst interessiere, interessiert sich meine Frau für alte Meister
Während ich meinen Urlaub gern in Deutschland verbringe, will meine Frau in fremde Länder reisen.
Während Uwe gern amerikanische Filme guckt, ist seine Frau von indischen Filmen begeistert.
Während ich telefoniere, bist du unter der Dusche.
Während du in der Schule bist, liege ich mit Grippe im Bett.
Während Mathilde immer gut gelaunt ist, ist Tobias immer traurig.
Während Ludger sich für europäische Kunst interessiert, liebt seine Frau asiatische Kulturformen.
Während ich jeden Abend im Fitnessstudio verbringe, sitzt du den ganzen Abend vor dem Fernseher.
Während Herbert jeden Tag eine Menge lernt, spielt Thomas den ganzen Tag am Computer.

Übung 11   Schreiben Sie die Sätze mit „weder...noch".

o   Ludmila kommt weder aus Spanien noch aus Italien.
o   Christian hat weder einen Sohn noch eine Tochter.
o   Ich habe weder eine Villa noch einen Palast.
o   Ich bin weder traurig noch fröhlich.
o   Ich war weder in Indien noch in China.
o   Axel spricht weder Russisch noch Polnisch.
o   Wir fliegen weder nach Spanien noch nach Frankreich.
o   Wir kennen weder die Familie Strauss noch die Müllers.
o   Norbert mag weder die Nachbarn aus der ersten Etage noch die aus der dritten Etage.
o   Du musst dich weder bei mir rechtfertigen noch bei deiner Mutter.
o   Meine Eltern wollen mir weder eine Katze noch einen Hund schenken.
o   Ich war weder in Paris noch in Rom.

Übung 12   Ergänzen Sie die Endungen der Adjektive, wo es nötig ist.

1. Das ist eine schöne Frau.
2. Ich telefoniere mit einer sympathischen Kollegin.
3. Das ist eine gute Idee.
4. Das ist ein interessantes Buch.
5. Er spricht über ein interessantes Buch.
6. Du kommst aus einer schönen Stadt.
7. Jonas hat eine gemütliche Wohnung.

8. Das ist ein guter Ratschlag.
9. Ich gehe in ein altes, schönes Theater.
10. Er lernt Deutsch in einer großen, bekannten Schule.
11. Wir haben einen netten, aufmerksamen Lehrer.
12. Matthias telefoniert mit seinem alten, guten Freund aus Aurich.
13. Wir gehen zusammen in einen großen, schönen Park.
14. Klaus hat einen großen, bissigen Hund.
15. Ich unterhalte mich gern mit meiner lieben, alten Tante Thilde.
16. Ich höre ein altes, bekanntes Lied von Zarah Leander.
17. Das ist eine leckere Suppe.
18. Daniel hat mir eine lange SMS von seinem neuen Handy gesendet.
19. Ich fahre mit meinem besten Freund Klaus mit meinem alten Auto in eine kleine Stadt am Meer in den Urlaub.
20. Wir bedanken uns bei unserem netten Lehrer für seine verständliche Erklärung eines schwierigen Themas.
21. Maximilian hat eine intelligente, schöne Frau.
22. Das ist ein guter, alter, französischer Film.
23. Ich träume von einem schönen, gemütlichen Haus in den Bergen, mit einem wundervollen Blick zum Schloss Neuschwanstein.
24. Er hat uns über seine spannende Reise berichtet.
25. Seine Haare sind seitlich kurz und oben lang.
26. Ich denke oft an meine alte Heimat.
27. Elke bereitet sich auf eine schwere, wichtige Prüfung vor.
28. Köln ist alt, schön, aber schmutzig.
29. Roberts Frau ist sympathisch, aber sehr dominant.
30. Das ist ein neues, schnelles Auto von einem bekannten, deutschen Autokonzern.

Übung 13   <u>Bilden Sie Sätze im Passiv wie im Beispiel. Beachten Sie die Präsens-, Präteritum- u. Perfekt-Formen!</u>

1. Der Kuchen wird von Oma gebacken.
2. Die Suppe ist heute Vormittag von Mama gekocht worden.
3. Die Kinder sind um 14 Uhr von Andreas vom Kindergarten abgeholt worden.
4. Wir werden von unseren neuen Nachbarn gestört.
5. Viele Fragen sind vom Lehrer beantwortet worden.
6. Johanna wurde von mir ins Kino eingeladen.
7. Ein neues Auto wird von Papa gekauft.
8. Im Deutschunterricht wird nur Deutsch gesprochen.
9. Die ganze Wohnung wird von dem fleißigen Maler gestrichen.
10. Eine neue Tasche ist von meiner Mutter gekauft worden.
11. Ich bin von dir darüber nicht informiert worden.
12. Der Test ist von Robert mit sehr gut bestanden worden.

Übung 14   <u>Trennbare Verben.</u>

1. Ihr fahrt nach Passau weiter.
2. Elke kommt am Dienstag aus Dortmund zurück.
3. Papa liest die Zeitschrift weiter.
4. Unser Lehrer macht in jeder Pause die Fenster auf.
5. Der ICE nach Frankfurt fährt erst in 15 Minuten ab.
6. Matthias holt das Paket heute Nachmittag bei der Post ab.
7. Zarah steht jeden Morgen um 7.00 Uhr auf.
8. Er zieht die Handschuhe an.
9. Wir steigen am Appellhofplatz in den Bus ein.
10. Werner meldet sich im neuen Fitnessstudio an.
11. Brigitte und Hans ziehen im September in ihr neues Haus ein.
12. Der Zug aus Berlin kommt um 12.15 Uhr in Köln an.
13. Die Schulklasse fährt morgen nach Bremen weiter.
14. Der neue Lehrer macht den Unterricht weiter.
15. Papa hängt das schöne Bild auf.
16. Die Kinder trocknen das Geschirr ab.
17. Helmut schaltet die Heizung aus.
18. Die Kinder ziehen ihre Winterjacken an.
19. Meine Mama schreibt das Kochrezept von Gerd Käfer auf.

Übung 15   Ergänzen Sie die Sätze mit Präpositionen. Schreiben Sie dann Fragewörter dazu.

1. Petra interessiert sich für asiatische Kunst. - Wofür ?
2. Lucas interessiert sich für Fußball. - Wofür ?
3. Mein älterer Bruder Otto setzt sich immer für mich ein. Ich bin ihm sehr dankbar dafür. - Für wen und wofür ?
4. Ich kann auf mein Handy nicht mal für einen Tag verzichten. - Worauf ?
5. Ich weiß ganz genau, auf deine Hilfe kann ich mich verlassen. - Worauf ?
6. Der IT-Consultant unserer Firma rät vom Kauf dieser Computer ab. - Wovon ?
7. Das Konzert besteht aus zwei Stücken von Tschaikowsky und aus vier Stücken von Mozart. - Woraus?
8. Meine Mutter hat mich vor dieser Frau gewarnt. - Vor wem ?
9. Dieser Mann hat mich zum Tanzen aufgefordert. - Wozu ?
10. Ich habe mich über diese einfachen Fehler sehr geärgert. – Worüber?
11. Vor einer Fahrt in entfernte Länder sollte man sich gegen Hepatitis impfen lassen. - Wogegen? Gegen was ?
12. Ich sehne mich nach meinen Großeltern. - Nach wem?
13. Ich glaube, ich kann mich nur auf meine Eltern verlassen. – Auf wen ?
14. Meine Suppe riecht nach Knoblauch. – Wonach ?
15. Oli spielt den ganzen Tag mit seinem Handy. - Womit ?
16. Meine Eltern kümmern sich immer um meinen Hund, wenn ich im Urlaub bin. - Um wen ?
17. Das Buch von Erich Maria Remarque „Im Westen nichts Neues" handelt vom ersten Weltkrieg. - Wovon ?
18. Im Gedicht von Hermann Hesse „Im Nebel" geht es um die Einsamkeit. - Worum ?
19. Veronika sehnt sich nach ihrem Freund. - Nach wem ?
20. Stefan, kann ich mich auf dich verlassen? - Auf wen ?
21. Ich kann mich an den Namen dieses Schauspielers nicht mehr erinnern. - Woran ?
22. Ich arbeite gern mit meinem neuen Werkzeug. - Womit ?
23. Ich diskutiere gern über die Werke von Goethe. - Worüber ?
24. Unsere Universität ist auf Betriebswirtschaftslehre spezialisiert. - Worauf ?
25. Herr Lohse, wir beziehen uns auf Ihren Brief vom 07.09.2018. - Worauf ?
26. Ich kann mich leider an diesen alten Film nicht mehr erinnern. - Woran ?
27. Ihr Arzt rät ihr zu dieser teuren Therapie. - Wozu ?
28. Ich bedanke mich bei meiner Nachbarin. - Bei wem ?
29. Ich bedanke mich für das wunderbare Geschenk. - Wofür ?
30. Wir bedanken uns bei unserer Mutter für ihre Hilfe. - Bei wem und wofür ?

Übung 16   Ergänzen Sie die Sätze mit Perfektformen der Verben.

1. Thomas hat den Mietvertrag vorgestern unterschrieben. (unterschreiben)
2. Die Müllers haben eine Wohnung gekauft. (kaufen)
3. Im letzten Sommer haben wir das Schloss Bellevue in Berlin besichtigt. (besichtigen)
4. Elke hat eine leckere Pizza zum Abendessen mitgebracht. (mitbringen)
5. Uwe hat mich zu einem französischen Abendessen eingeladen. (einladen)
6. Wir sind für eine Woche nach Spanien geflogen. (fliegen)
7. Christian hat alle seine Freunde zur Geburtstagsparty eingeladen. (einladen)
8. Ich bin die ganze letzte Woche krank gewesen. (sein)
9. Ich habe heute leider den ganzen Tag noch nichts gegessen. (essen)
10. Letztes Wochenende haben wir unsere Großeltern in der Pfalz besucht. (besuchen)
11. Sarah ist gestern Abend sehr müde gewesen (sein) und ist früh ins Bett gegangen. (gehen)
12. Wir haben schon so lange nicht mehr miteinander telefoniert. (telefonieren)
13. Er ist um 7.00 Uhr aufgewacht (aufwachen), hat im Bett lange mit seinen Freunden gechattet (chatten) und ist erst zwei Stunden später aufgestanden (aufstehen) und ins Bad gegangen. (gehen)
14. Wir haben gestern einen guten Film über Edith Stein gesehen. (sehen)
15. Barbara hat mir eben eine wichtige Mail gesendet. (senden)
16. Wir sind am Hbf in den ICE nach Hamburg eingestiegen. (einsteigen)
17. Helmut Kohl hat sich jahrzehntelang für Politik engagiert. (engagieren)
18. Gestern Abend haben wir ein Konzert in der Philharmonie besucht. (besuchen)
19. Hast du schon das Geld für die neue Küche überwiesen? (überweisen)
20. Stefans Mutter hat sich nach dem Unterrichtsangebot der neuen Schule erkundigt. (erkundigen)
21. Stefanie hat wunderschöne Nelken in ihrem Garten eingepflanzt. (einpflanzen)
22. Für wann hast du den Termin beim Zahnarzt ausgemacht? (ausmachen)
23. Er hat sich bei allen für das wunderbare Geschenk herzlich bedankt. (bedanken)
24. In dieses Projekt habe ich persönlich viel Kraft investiert. (investieren)
25. Carla hat kürzlich eine tolle Geburtstagsparty organisiert. (organisieren)
26. Ich habe zwei Tickets für den nächsten Flug nach Zürich gebucht. (buchen)
27. Unsere Großeltern haben sich sehr über unseren Besuch gefreut. (freuen)
28. Im letzten Sommer hat unsere Klasse Schloss Linderhof besichtigt. (besichtigen)
29. Meine Freunde und ich haben uns am letzten Sonntag in der neuen Disco am Rudolfplatz prächtig amüsiert. (amüsieren)

Übung 17   Ergänzen Sie mit „deshalb" / „obwohl" / „weil" oder „trotzdem".

1. Ich gehe jeden Tag ins Fitnessstudio, trotzdem bin ich dick und habe keine Muskeln.
2. Ich gehe jeden Tag ins Fitnessstudio, deshalb bin ich schlank und muskulös.
3. Obwohl ich jeden Tag ins Fitnessstudio gehe, habe ich keinen Waschbrettbauch.
4. Ich treibe viel Sport, deshalb habe ich einen schönen Körper und einen tollen Waschbrettbauch.
5. Ich gehe gerne in die Disco und liebe Cafés und Bars, deshalb wohne ich gern im Zentrum von Köln.
6. Obwohl ich gerne im Zentrum wohne, ist es für mich manchmal einfach zu laut und zu chaotisch dort.
7. Meine Schwester lernt gerne neue Menschen kennen und ist eine kommunikative Person, deshalb hat sie einen großen Freundeskreis.
8. Ich interessiere mich für moderne Kunst, deshalb gehe ich oft in verschiedene Museen.
9. Obwohl das Wetter heute so schlecht ist, gehen wir in den Park spazieren.
10. Stefanie kauft sich ein neues Kleid, weil sie zu einer Hochzeit geht.
11. Er möchte studieren, deshalb muss er das Abitur machen.
12. Klaus kauft für seine Frau einen Gutschein in der Parfümerie, weil er nicht weiß, welches Parfüm seine Frau haben möchte.
13. Peter ist Mitglied in einem Karnevalsverein geworden, weil er sich für Karneval interessiert und gerne Karnevalslieder singt.
14. Meine Schüler sprechen gut Deutsch, obwohl sie erst seit ein paar Monaten in Deutschland leben.
15. Ich arbeite im Zentrum von Frankfurt, deshalb genieße ich abends die Ruhe auf dem Land.
16. Er bewirbt sich auf eine Stelle bei der Stadt Düsseldorf, deshalb schreibt er einen tabellarischen Lebenslauf.
17. Sandro fühlt sich ganz wohl in Deutschland, obwohl er seine Heimatstadt in Portugal sehr vermisst.
18. Ich gehe heute ins Büro, obwohl ich mich heute gar nicht gut fühle und wahrscheinlich Fieber habe.
19. Ich muss heute Abend viel lernen, weil ich morgen einen wichtigen Test schreiben muss.
20. Meine lieben Eltern machen mir keine Vorschriften, trotzdem möchte ich von zu Hause ausziehen und mit meinen Freunden eine WG gründen.
21. Tassilo interessiert sich für bayerische Geschichte und Traditionen, deshalb tritt er einem Trachtenverein bei.
22. Angela hat viel gelernt, trotzdem hat sie den Test nicht bestanden.
23. Meine Freunde und ich interessieren uns sehr für Geschichte, deshalb machen wir einen Ausflug nach Bad Ems.
24. Ich gehe heute Abend mit Udo in die Disco, obwohl ich so müde bin.
25. Meine Verwandten aus Spanien lernen Deutsch, weil sie in Deutschland arbeiten möchten.
26. Werner hat einen starken oberpfälzischen Akzent, weil er aus Regensburg kommt.
27. Meine Miete ist sehr hoch, weil ich mitten im Zentrum von München wohne.
28. Konrad Adenauer stammt aus Köln, deshalb steht dort am Neumarkt ein Denkmal für ihn.

Übung 18   Ergänzen Sie alles, was nötig ist.

1. Wir bedanken uns bei unserem Lehrer für seine Hilfe.
2. Ich bedanke mich bei dir.
3. Ich bedanke mich für deine Mail.
4. Ralph bedankt sich bei seier Nachbarin für die Hilfe.
5. Ralph bedankt sich bei der Nachbarin.
6. Ich möchte mich bei dir für mein unfreundliches Verhalten entschuldigen.
7. Herr Müller, wir möchten uns bei Ihnen entschuldigen.
8. Herr Schöpf, wir möchten uns bei Ihnen für unsere Fehler entschuldigen.
9. Ich habe den Polizisten nach dem Weg zum Hauptbahnhof gefragt.
10. Mein Onkel hat meiner Mutter zu ihrem Geburtstag gratuliert.
11. Ich suche bereits seit einer Stunde nach meier Brille.
12. Wir haben unseren neuen Fernseher im Internet bestellt.
13. Christian hat an einer katholischen Universität studiert.
14. Claudia hat sich mit ihrem Chef für heute Abend zum Abendessen verabredet.
15. Ralph und Alex haben sich oft an ihre schöne Hochzeit erinnert.
16. Deine neue Bluse passt wunderbar zu deinem roten Rock.
17. Ihre Haare sind lang und blond und sie hat wunderschöne Augen.
18. Wir diskutieren oft mit unserem Lehrer über die deutsche Politik.
19. Wir bedanken uns bei unserem Lehrer für seine Hilfe.
20. Ich engagiere mich für verschiedene Projekte im Bereich Integration.
21. Ich habe unserer Chefin zu ihrem Geburtstag gratuliert.
22. Er bedankt sich bei seinem Vater für das wunderbare Geschenk.
23. Ich entschuldige mich bei meiner Schwester für meinen bösen Kommentar.
24. Ich habe mich an der Rezeption nach dem Stadtplan erkundigt.
25. Elke hat ihrem Sohn zu seinem Diplom gratuliert.
26. Ich bedanke mich bei meiner lieben Tante für ihre Ratschläge.
27. Der Kunde erkundigt sich beim Apotheker nach dem neuen Medikament.

Übung 19 _Ergänzen Sie die Sätze im Genitiv mit „wegen" oder mit „trotz"._

1. Wegen meines Urlaubs kann ich an der Sitzung nicht teilnehmen.
2. Wegen des schlechten Wetters bleibe ich zu Hause.
3. Trotz des schlechten Wetters gehe ich am Wochenendmarkt zum Einkaufen.
4. Wegen meiner alten Oma fahren wir nicht in Urlaub. Wir müssen uns um sie kümmern.
5. Trotz der intensiven Vorbereitung hat Klaus die Prüfung nicht bestanden.
6. Trotz einer strengen Diät werde ich immer dicker.
7. Wegen unseres bösen Lehrers habe ich eine schlechte Note bekommen.
8. Trotz des guten Wetters bleiben wir zu Hause, weil unsere Mutter krank ist und wir uns um sie kümmern müssen.
9. Trotz der starken Tabletten gegen Allergie habe ich Schnupfen und meine Augen sind rot und entzündet.
10. Trotz der guten Erklärung dieses schweren Themas verstehe ich die Regeln leider nicht.
11. Wegen der lauten Musik in der Wohnung unserer Nachbarn kann ich nicht einschlafen.
12. Wegen meiner Geburtstagsparty muss ich noch vieles organisieren und einkaufen.
13. Trotz der guten Musik war die Party langweilig.
14. Wegen der langen Reise habe ich lange Zeit weder meine Eltern noch meine Freunde gesehen.
15. Wegen einer langen Krankheit hat sie sechs Kilogramm abgenommen.
16. Trotz des spannenden und erholsamen Urlaubs sieht sie müde aus.
17. Wegen des langen, angenehmen Urlaubs siehst du frisch und erholt aus.
18. Wegen des kalten Winters in Deutschland verbringen viele deutsche Rentner die Wintermonate lieber in warmen Ländern.
19. Wegen des starken Windes ist meine Antenne auf dem Dach beschädigt.
20. Wegen deines netten Kompliments bin ich rot geworden.
21. Wegen eines wichtigen katholischen Feiertags sind alle Geschäfte und Unternehmen geschlossen.
22. Wegen unseres kranken Kindes haben wir die Einweihungsparty abgesagt.

Übung 20 _Ergänzen Sie die Sätze im Genitiv, wo es nötig ist._

1. Das ist das Buch meines Vaters.
2. Das ist die Tasche meiner Frau.
3. Das ist der Sohn meines Bruders.
4. Das sind Freunde meiner Schwester.
5. Das ist die Wohnung meiner Kollegin.
6. Das ist das Buch eines bekannten deutschen Schriftstellers.
7. Das ist das Graffiti eines talentierten, jungen Künstlers.
8. Das ist das Auto meiner jüngeren Schwester.
9. Das ist der Film eines bekannten, alten, italienischen Regisseurs.
10. Das ist die gute Idee einer jungen Kollegin.
11. Das ist das Lied einer wunderschönen französischen Sängerin.
12. Ich höre das Lied einer wunderschönen französischen Sängerin.
13. Ich sehe den Film eines bekannten, alten, italienischen Regisseurs.
14. Ich spreche mit der Frau meines ehemaligen Chefs.
15. Wir unterhalten uns mit dem Kind unserer netten Nachbarin.
16. Das ist die Brille unserer alten, lieben Lehrerin.
17. Das ist das neue Modell eines bekannten, deutschen Automobilherstellers.
18. Das ist das T-Shirt meines lieben Sohnes.

Übung 21 _Ergänzen Sie mit „anstatt", „trotzdem" oder „obwohl"._

1. Obwohl ich so viel gelernt habe, habe ich die Prüfung nicht bestanden.
2. Anstatt die ganze Zeit vor dem Fernseher zu sitzen, solltest du lieber etwas lernen.
3. Ich habe so viel gelernt, trotzdem habe ich den Test nicht geschafft.
4. Meine jüngere Schwester ist so dick, obwohl sie immer streng auf ihre Ernährung achtet.
5. Obwohl ich auf meine Ernährung achte, bin ich übergewichtig.
6. Anstatt den ganzen Tag vor dem Computer zu sitzen, solltest du lieber deiner Mutter helfen.
7. Anstatt für viel Geld stundenlang in ferne Länder zu fliegen, mache ich lieber Urlaub in den deutschen Bergen.
8. Ich habe dich fünf Mal angerufen und an den Besuch unserer Eltern erinnert, trotzdem bist du wieder zwei Stunden zu spät gekommen.
9. Er geht in die Disco, anstatt auf seine kranke Schwester aufzupassen.
10. Obwohl seine Schwester krank ist und die Mutter ihn braucht, geht er in die Disco.
11. Obwohl ich gestern den ganzen Abend die neuen Wörter mit Artikel gelernt habe, sind meine Ergebnisse beim heutigen Test sehr bescheiden.
12. Obwohl ich sowohl Deutsch als auch Englisch sehr gut spreche, konnte ich mich in meinem Urlaub in Paris kaum verständigen.

13. Obwohl Micha sich sehr lange auf den Köln-Marathon vorbereitet hatte, war er schon nach fünf Kilometern ziemlich erschöpft.
14. Ich arbeite jeden Tag 12 Stunden lang, trotzdem schaffe ich es dreimal die Woche zum Schwimmen zu gehen. Das tut meiner Gesundheit sehr gut.
15. Obwohl Tim jeden Tag Tabletten gegen seine Pollenallergie einnimmt, hat er rote Augen.
16. Anstatt euch stundenlang über Politik zu unterhalten und zu streiten, solltet ihr lieber schöne Musik hören und dazu tanzen.
17. Er studiert seit einem Jahr, obwohl er gerade erst 18 geworden ist, weil er ziemlich talentiert ist und ein paar Schulklassen übersprungen hat.
18. Obwohl meine Schüler jeden Tag fleißig lernen, haben sie dennoch Probleme mit dem Artikel und trotzdem glaube ich, dass alle die Prüfung bestehen werden.
19. Mein Sohn raucht, obwohl ich es ihm verboten habe.
20. Ich sage oft zu meiner Tochter: „Anstatt den ganzen Tag auf dem Sofa zu liegen, solltest du lieber ins Fitnessstudio gehen."

Übung 22 Ergänzen Sie die Sätze im Genitiv mit „*wegen*" oder „*trotz*".

1. Wegen meiner bösen Schwiegermutter streite ich immer mit meiner Frau.
2. Trotz der bösen Schwiegermutter meines Bruders gibt es kaum Streit, weil die Frau meines Bruders eine verständnisvolle und liebe Person ist.
3. Wegen der starken Zahnschmerzen kann ich mich nicht auf meine Arbeit konzentrieren.
4. Trotz der starken Kopfschmerzen kann ich mich gut auf die Arbeit konzentrieren.
5. Wegen des neuen Freunds unserer Tochter ist diese nur noch unterwegs und sehr selten zu Hause.
6. Wegen des schlechten Wetters wurde das Konzert einer bekannten kölschen Band abgesagt.
7. Trotz des Tornados wird unser Flugzeug in wenigen Minuten starten und uns zurück in die Heimat bringen.
8. Wegen des erneuten Streiks bei der Bahn können wir an diesem Wochenende unsere Eltern in Regensburg nicht besuchen.
9. Wegen des unaufmerksamen Personals des Hotels werden wir nie wieder hier übernachten.
10. Trotz des sonnigen Wetters bleibe ich heute im Hotel, weil ich gestern einen schmerzhaften Sonnenbrand bekommen habe.
11. Wegen unseres neuen Chefs ist das Arbeitsklima in unserer Firma unerträglich geworden.
12. Wegen des Rosenmontagzugs sind mehrere Straßen im Zentrum von Köln gesperrt.
13. Wegen eines Fehlers in der Lohnabrechnung habe ich in diesem Monat 200 Euro zu wenig bekommen.
14. Wegen der hohen Steuern können sich die Bürger immer weniger leisten.
15. Wegen der hohen Steuern in Deutschland fliehen viele Millionäre ins Ausland, um dort ihre Steuern zu bezahlen.
16. Trotz der hohen Steuern werden immer mehr Unternehmen in Deutschland gegründet.
17. Meine Frau wirft mir vor, dass wir wegen meiner Mutter zu oft heftige Streitigkeiten haben.
18. Nicht nur wegen deines unerträglichen Charakters, sondern auch wegen deines unfreundlichen Bruders haben wir immer Probleme in unserer Beziehung.
19. Wegen des langen Aufenthalts in der Sonne ist meine Haut richtig braun geworden.
20. Wegen des Baus einer neuen Straßenbahnlinie am Zülpicher Platz haben wir den ganzen Tag Lärm in unserer Wohnung.
21. Wegen des Kaufs eines teuren Autos müssen wir leider auf den nächsten Sommerurlaub verzichten.
22. Wegen der verrückten Idee, mitten in der Woche in die Disco zu gehen, muss ich jetzt unausgeschlafen und mit Kopfschmerzen im Büro sitzen.
23. Trotz des schnellen Internets dauert es noch lange, bis ich den ganzen Film über das Internet heruntergeladen habe.
24. Wegen der langen Arbeitswoche bin ich sehr müde.
25. Wegen des Genitivs sitzen wir stundenlang in der Schule und schreiben komplizierte Sätze.
26. Wegen der deutschen Grammatik kann ich nachts nicht gut schlafen. Ich träume nur noch vom Genitiv.

Übung 23 Schreiben Sie indirekte Fragesätze wie in den Beispielen.

o Wissen Sie, wie viel ein Babysitter in der Stunde kostet?
o Weißt du, ob ein Babysitter viel kostet?
o Ich würde gerne wissen, wann Peter Geburtstag hat.
o Könnten Sie mir bitte sagen, wie ich zum Kölner Dom komme?
o Ich traue mich nicht zu fragen, ob Sabine mit mir am Samstagabend essen gehen möchte.
o Hallo Stefan, Mama fragt, wann du uns endlich besuchen kommst.
o Können Sie beschreiben, welche Unterschiede es zwischen Karneval und Fasching gibt.
o Ich weiß noch nicht, ob ich das Abitur schaffe.
o Mich würde interessieren, warum Frau Meixner immer so traurig ist.
o Meine Schüler fragen mich immer wieder, ob es eine Hausaufgabe für den nächsten Tag gibt.
o Er fragt mich, ob ich ihm helfen kann.
o Der Tourist erkundigt sich am Infopoint, wie er am schnellsten zum Schloss Nymphenburg kommen kann.
o Entschuldigung, können Sie mir bitte sagen, wo ich Herrengürtel finden kann?
o Können Sie mir bitte sagen, ob es in Ihrer Parfümerie dieses neue Parfüm gibt?

- o Frag bitte unsere Oma, was sie zu ihrem Jubiläum als Geschenk haben möchte.
- o Elisa, frag bitte Mama, ob sie alles für die morgige Party eingekauft hat.
- o Herr Jansen, ich würde gerne wissen, warum Sie immer so spät ins Büro kommen.
- o Frau Krause möchte wissen, ob das Angebot an die Firma "XLXL" schon abgesendet worden ist.
- o Ach Mutti, ich würde so gerne wissen, ob ich die Prüfung bestanden habe.
- o Stefan weiß noch nicht, ob er seine Eltern am Wochenende besucht.
- o Könnten Sie mir bitte sagen, ob es diese Jeans eine Nummer größer gibt?
- o Weißt du aus welcher Stadt unser neuer Mitarbeiter Herr Wrese kommt?
- o Gisela hat mir leider noch nicht gesagt, ob sie mich am Wochenende sehen will.
- o Weißt du, ob das neue Buch von Hape Kerkeling schon auf dem Markt ist?
- o Soll ich den Kellner fragen, ob es heute auch Bratkartoffeln gibt?
- o Frag bitte unseren IT-Consultant, ob unsere Computer heute funktionieren werden.
- o Können Sie mir bitte sagen, ob es Ihnen nach der neuen Therapie besser geht?
- o Ich würde gerne wissen, ob ich beim Abschluss dieses Handyvertrags ein neues Handy bekomme.
- o Der Arzt fragt seinen Patienten, ob er seine Tabletten gut verträgt
- o Ich würde gerne wissen, welcher Künstler und welches Lied Deutschland beim Eurovision Song Contest vertreten werden.
- o Entschuldigung, wissen Sie, wann der nächste ICE nach Hamburg Altona fährt?
- o Herr Müller möchte wissen, ob Sie für diesen Auftrag zusätzliche Informationen brauchen.
- o Die Wissenschaftler fragen sich, warum wir in Deutschland immer weniger Kinder haben.

Übung 24   Ergänzen Sie „haben" und „sein" in der passenden Form.

1. Gestern hatte ich bei mir zu Hause ein kleines Familienfest. Ich hatte viele Gäste. Zusammen waren es zehn Personen.
2. Hast du heute Abend Zeit? – Ja, ich habe Zeit.
3. Morgen hat meine Mutter Geburtstag und ich habe leider noch kein Geschenk für sie.
4. Herr Stierlitz, heute Morgen war niemand im Büro. Ich möchte wissen, wo alle Mitarbeiter waren?
5. Wann wart ihr im Kino? – Am letzten Samstag. Der Film war sehr interessant.
6. Ich war noch niemals in New York und ich war noch niemals auf Hawaii.
7. Seid ihr heute Abend zu Hause? – Ja, wir sind zu Hause, aber wir haben leider keine Zeit, wir müssen lernen.
8. Warst du schon mal am Gardasee? – Ja, ich war vor zehn Jahren mit meinen Eltern dort. Es war ein wunderbares Erlebnis.
9. Gestern war Martin bei mir. Er hatte Fotos von seinem letzten Urlaub dabei.
10. Meine Geburtstagsparty war einfach spitze, aber ich bin heute so müde.
11. Frau Stüwe, waren Sie schon im neuen Museum am Heumarkt? – Nein, ich war leider noch nicht dort, ich hatte bis jetzt keine Zeit dafür.
12. Am nächsten Wochenende hat mein Sohn Geburtstag. Und ich bin leider nicht zu Hause. Ich habe leider eine Dienstreise zu machen.
13. Liebe Rosa, wir sind am 5. Juni in München. Hast du da Zeit für uns?
14. Wir waren schon lange nicht mehr in Bremen. Früher waren wir jeden Sommer dort, im Haus unserer Eltern. Momentan haben wir aber leider keine Zeit.
15. Das gestrige Konzert war unvergesslich. Wir hatten viel Spaß.
16. Klaus, bist du morgen Vormittag im Büro? Ich habe eine wichtige Frage an dich.
17. Guten Tag, haben Sie heute einen Termin bei Herrn Doktor Müller? – Ja, ich habe einen Termin um 10.30 Uhr.
18. Haben Sie Ihre Versicherungskarte dabei? – Ja, ich habe sie dabei, bitte schön.
19. In seiner Heimat hatte Eros viele Freunde. Jetzt, in Deutschland, hat er leider noch nicht so viele Kontakte.

Übung 25   Fragen und Antworten, ergänzen Sie „Wann?" / „Wie lange?".

1. Wann stehst du normalerweise auf? – Um 7.00 Uhr.
2. Wie lange schläfst du? – Acht Stunden lang.
3. Wann kommt der Zug? – Um 13 Uhr. (In 10 Minuten.)
4. Wann beginnt der Film? – Um 20.15 Uhr.
5. Wie lange dauert der Film? – Zwei Stunden lang.
6. Wann ist der Film zu Ende? – Um 22.15 Uhr. (In zwei Stunden.)
7. Wie lange gehst du von der U-Bahn Haltestelle bis zur Schule? – Ungefähr 15 Minuten.
8. Wann kommt der Hausmeister? – Am Dienstag um 8.00 Uhr
9. Wie lange bleibt ihr in Urlaub? – Zwei Wochen lang.
10. Wann besuchen uns deine Eltern? – Anfang Januar.
11. Wie lange fährt man von Köln nach Koblenz? – Zwei Stunden lang.
12. Wie lange geht man vom Hbf zum Theater? – Ungefähr 20 Minuten lang.
13. Wann kommt unser ICE in Aschaffenburg an? – Um 15.10 Uhr.
14. Wie lange dauert der Flug von Berlin nach Moskau? – Ungefähr zwei Stunden.
15. Wann hast du zum letzten Mal deine Oma gesehen? – Vor drei Wochen.
16. Wie lange lebst du schon in Deutschland? – Seit einem Jahr.
17. Wann besuchst du mich? – Am nächsten Wochenende.

18. Wann gehst du normalerweise schlafen? – Gegen 22.00 Uhr.
19. Wie lange hast du gestern geschlafen? – Ungefähr acht Stunden lang.
20. Wann beginnt das Konzert? – Um 20.00 Uhr.
21. Wie lange warst du gestern bei deinen Freunden? – Den ganzen Abend. (Ungefähr vier Stunden)
22. Wann beginnen endlich die Schulferien? – Im zwei Wochen.
23. Wie lange dauern die Schulferien in Baden-Württemberg? – Ungefähr sechs Wochen.
24. Wann kommt endlich der Osterhase und bringt mir Schokoeier? – Am Ostersonntag.
25. Wie lange bleiben Sie bei Ihren Großeltern in Spanien? – Ich glaube zwei Wochen lang.
26. Wie lange arbeitest du am Tag? – Sieben Stunden lang.
27. Wie lange lernst du schon Deutsch? – Seit einem Jahr.
28. Wann besuchst du endlich deine Tante? – Bald. (Am Montag.) (Anfang Mai).
29. Wie lange muss ich noch auf deine Antwort warten? – Eine Minute.
30. Wie lange haben Sie Ihre Kinder nicht gesehen? – Zwei Wochen lang.
31. Wann hast du zum ersten Mal dieses Buch gelesen? – Vor zwei Jahren.
32. Wann haben Sie Ihr erstes Auto gekauft? - Vor 10 Jahren. (Als ich 19 Jahre alt war.)
33. Wie lange hast du gestern im Stau gestanden? – Eine Stunde lang.
34. Wie lange mussten Sie im Wartezimmer auf den Arzt warten? – Ungefähr 40 Minuten.
35. Wann werde ich gut Deutsch sprechen? – Bald. (In sechs Monaten.) (Das ist eine gute Frage.)

Übung 26 Stellen Sie Fragen mit Fragewörtern, wie z.B.: *Wo? Wohin? Wem? Wen?*

1. Ich gehe ins Theater.- Wohin gehst du?
2. Ich telefoniere mit meinem Sohn.- Mit wem telefonierst du?
3. Ich sehe eine schöne Frau.- Wen siehst du?
4. Ich bin jetzt im Büro.- Wo bist du?
5. Das Buch liegt auf dem Tisch.- Wo liegt das Buch? (Was liegt auf dem Tisch?)
6. Ich lege das Buch auf den Tisch.- Was legst du auf den Tisch? (Wohin legst du das Buch?)
7. Ich gebe meinem Schüler das Buch.- Wem gibst du das Buch?
8. Ich höre wunderschöne Musik.- Was hörst du?
9. Ich höre draußen im Korridor meine Schüler.- Wen hörst du im Korridor? (Wo hörst du deine Schüler?)
10. Stefan und Christian gehen in die Disco.- Wer geht in die Disco? (Wohin gehen sie?)
11. Sabine ist jetzt schon seit 10 Minuten in der Disco.- Wo ist Sabine? (Wer ist in der Disco? Wie lange ist Sabine schon in der Disco?)
12. Gestern sind wir ins Theater gegangen.-Wohin sind wir gegangen? (Wann sind wir ins Theater gegangen?)
13. Meine Eltern sind jetzt im Museum.- Wo sind meine Eltern?
14. Ich sende meiner Chefin eine wichtige Mail.- Was sendest du deiner Chefin? (Wem sendest du eine Mail?)
15. In meinem Garten gibt es bezaubernde Nelken.- Wo gibt es bezaubernde Nelken?
16. Wir gehen ins Krankenhaus.- Wohin gehen wir?
17. Das Krankenhaus befindet sich im Zentrum.- Wo befindet sich das Krankenhaus?
18. Meine Eltern sind jetzt schon im Krankenhaus.- Wer ist im Krankenhaus? (Wo sind deine Eltern?)
19. Ich gebe dem netten Verkäufer das Geld.- Wem gibst du das Geld?
20. Simone fliegt in die Türkei.- Wohin fliegt Simone?
21. Carla ist jetzt in der Türkei in einem tollen Hotel.- Wo ist Carla?
22. Ich sehe viele attraktive Menschen.- Wen siehst du? (Was siehst du?)
23. Auf der Kö in Düsseldorf gibt es viele gute Geschäfte.- Was gibt es auf der Königsallee?
24. Meine Eltern fahren nach Freiburg.- Wohin fahren deine Eltern?
25. Meine Oma wohnt in Freiburg.- Wo wohnt deine Oma?
26. Stefans Schwester fliegt morgen nach Barcelona.- Wohin fliegt Stefans Schwester?
27. Stefans Eltern leben in Barcelona.- Wo leben Stefans Eltern?
28. Ich habe gestern meine alte Nachbarin getroffen.- Wen hast du gestern getroffen?
29. Gib mir bitte einen Kugelschreiber.- Wem soll ich einen Kugelschreiben geben? (Was soll ich dir geben?)
30. Die Tasche liegt auf dem Stuhl.- Wo liegt die Tasche? (Was liegt auf dem Stuhl?)
31. Ich lege die Tasche auf den Tisch.- Wohin legst du die Tasche?
32. Der Ball liegt unter dem Tisch.- Wo liegt der Ball?
33. Ich gebe meinem süßen Hund ein Würstchen.- Wem gibst du ein Würstchen? Was gibst du deinem Hund?
34. Ich höre gerade meinen Hund im Garten bellen.- Wen hörst du im Garten.
35. Ich habe gestern meinen alten Freund getroffen.- Wen hast du gestern getroffen?
36. Könntest du mir bitte helfen?- Wem soll ich helfen?
37. Ich habe meinen Onkel lange nicht gesehen.- Wen hast du lange nicht gesehen?
38. Ich sende meiner Tante eine Grußkarte.- Wem sendest du eine Grußkarte? Was sendest du deiner Tante?

Übung 27   Ergänzen Sie die Sätze mit Personalpronomen wie im Beispiel.

1. Das ist Johanna, ich kenne sie seit vielen Jahren. Johanna hat einen Sohn, er heißt Andre.
2. Das ist Klaus, er ist 29 Jahre alt und ich finde ihn sehr sympathisch. Klaus hat eine nette Freundin, sie heißt Heike. Ich telefoniere jeden Tag mit ihr.
3. Das ist Uli. Er ist 53 Jahre alt und er hat eine Tochter. Sie heißt Eva und sie ist 20 Jahre alt. Ich kenne sie seit 20 Jahren.
4. Meine Frau und ich haben einen Sohn, er heißt Tassilo. Er besucht uns jedes Wochenende. Wir sind immer glücklich, wenn er zu uns kommt. Er ist ein guter Junge und wir lieben ihn sehr.
5. Das ist meine Nachbarin Ulrike. Sie ist eine bezaubernde Frau. Ich unterhalte mich immer gern mit ihr. Sie ist 35 Jahre alt und ihre Haare sind lang und blond. Sie hat einen kleinen Hund. Er heißt Bob. Er ist klein und sehr intelligent.
6. Das sind Christian und Robert. Sie sind auch unsere Nachbarn. Sie sind sehr nett und ruhig. Ich gehe jedes Wochenende mit ihnen joggen im Park.
7. Das ist Boris. Er ist auch unser Nachbar. Er wohnt erst seit einem Jahr in unserem Haus, aber ich kenne ihn schon länger. Wir arbeiten in der gleichen Firma. Er ist ein netter Nachbar und er ist ein hilfsbereiter Mitarbeiter. Seine Freundin heißt Erika, sie ist auch sehr sympathisch. Meine Frau geht mit ihr in das gleiche Fitnessstudio.
8. Das ist meine Mutter. Ich sehe sie leider selten, aber ich telefoniere jeden Tag mit ihr. Sie ist 60 Jahre alt und sie interessiert sich für Sport. Ich besuche sie leider selten, weil sie in München wohnt.
9. Das ist auch unser Nachbar, er heißt Dennis. Ich kenne ihn nicht gut und mag ihn nicht. Er ist immer so traurig und ich habe noch nie mit ihm gesprochen. Auch meine Frau findet ihn nicht sympathisch. Ich hoffe ihn bald näher kennenzulernen, vielleicht können wir doch noch Freunde werden. Er ist genauso alt wie ich.
10. Unser Haus ist groß und alt. Es hat zehn Wohnungen und es ist sehr gemütlich.
11. Meine Wohnung ist nicht klein. Sie hat drei Zimmer und sie ist ungefähr 85 qm groß.
12. Unser Vermieter heißt Herr Müller. Ich kenne ihn auch schon lange und ich hatte noch nie Probleme mit ihm. Er ist ein älterer Herr. Ich glaube, er ist über 70. Meine Frau findet ihn auch nett. Ich sehe ihn nicht oft. In den ersten Monaten habe ich öfters mit ihm telefoniert. Jetzt brauche ich von ihm keine Hilfe mehr.

Übung 28   Ergänzen Sie die Fragen mit Fragewörtern wie im Beispiel.

1. Thomas ist Ingenieur von Beruf. - Was ist er von Beruf?
2. Ihr Name ist Johanna Meixner. - Wie ist ihr Name?
3. Es dauert nur noch zehn Minuten bis zum Beginn der Eurovisionssendung. - Wie lange dauert es noch bis zum Beginn der Eurovisionssendung?
4. Andreas Gaballier kommt aus Österreich. - Woher kommt er?
5. Sebastian spielt schon seit zwanzig Jahren Fußball. - Seit wie vielen Jahren spielt Sebastian Fußball?
6. Das Konzert findet im Münchner Olympiastadion statt. - Wo findet das Konzert statt?
7. Das neue Automodell von Audi ist wunderschön. - Wie ist das neue Automodell von Audi?
8. Es ist Viertel vor zehn. – Wie spät ist es?
9. Erik findet seine Brille nicht. - Was findet Erik nicht?
10. Regensburg liegt in der Oberpfalz. - Wo liegt Regensburg?
11. Unser ICE kommt um 12.05 Uhr in Frankfurt an. - Um wie viel Uhr kommt unser ICE in Frankfurt an?
12. Werner hat ein großes Haus. - Was hat Werner?
13. Katharina lebt seit 2004 in Neuburg. - Seit wann lebt Katharina in Neuburg?
14. Bielefeld befindet sich in Ostwestfalen. - Wo befindet sich Bielefeld?
15. Elisa kommt aus Italien. - Woher kommt Elisa?
16. Sein Name ist Markus Gebauer. - Wie ist sein Name?
17. Stefanie ist Notarin von Beruf. - Was ist sie von Beruf?
18. Die Vorlesung beginnt um 14.15 Uhr. - Um wie viel Uhr beginnt die Vorlesung?
19. Rolf geht dreimal die Woche ins Fitnessstudio. - Wie oft geht Rolf ins Fitnessstudio?
20. Sabine kommt aus Oberammergau. - Woher kommt Sabine?
21. Die Schüler lernen die Artikel ungern. - Was lernen die Schüler ungern?
22. Die Firma LLL sendet einen Brief an mich. - An wen sendet die Firma LLL den Brief?
23. Stefan sendet seinen Eltern eine Ansichtskarte aus Rom. - Woher sendet Stefan eine Ansichtskarte?

Übung 29   Passiv: Ergänzen Sie, indem Sie unten ankreuzen.

Das Opernhaus, an dem zehn Jahre lang gebaut wurde, ist am letzten Wochenende endlich eröffnet worden. Zur Eröffnung des Opernhauses sind Kommunalpolitiker, Prominente und engagierte Bürgerinnen und Bürger eingeladen worden. Die Gala-Vorstellung, die von einem bekannten Dirigenten hervorragend geleitet wurde, wird am kommenden Montag um 20 Uhr im WDR übertragen. Am Dienstag, abends um 21 Uhr, wird eine Wiederholung dieser Übertragung gesendet.

Übung 30   Gemischte Übung: Ergänzen Sie, was Ihrer Meinung nach nötig ist.

1. Obwohl ich so viel esse und keinen Sport treibe, bin ich schlank.
2. Ich bin schlank, weil ich viel Sport treibe.
3. Meine Mutter fragt mich, ob ich mit meinen Hausaufgaben schon fertig bin?
4. Ich arbeite viel, weil ich Geld brauche.
5. Unser Lehrer sagt, dass wir zu wenig lernen.
6. Ich lerne Deutsch, weil ich in Deutschland lebe und hier arbeiten möchte.
7. Als ich letztes Mal in Paris war, habe ich eine attraktive Französin kennengelernt.
8. Jedes Mal, wenn ich nach Paris fliege, probiere ich dort verschiedene Käsesorten.
9. Unser Lehrer fragt uns, ob wir schon mal die Schatzkammer des Kölner Doms besucht haben.
10. Seit wann (wie lange) wohnst du schon in Deutschland? - Ich lebe seit zehn Jahren in Deutschland.
11. Meine Mutter sagt, dass ich sie zu selten besuche.
12. Wenn du weiterhin nichts lernst, wirst du die Prüfung nicht bestehen.
13. Nachdem ich den Brief von meinem Bruder endlich erhalten hatte, schöpfte ich neue Hoffnung.
14. Wenn du meine Hilfe brauchst, sag mir Bescheid.
15. Er sagt, dass er meine Hilfe braucht.
16. Stefan fragt mich, ob ich ihm heute Abend helfen kann.
17. Ich denke, dass das Wetter in Köln nicht so gut ist wie das in München.
18. Trotz meiner kranken Tochter gehe ich heute Abend mit Freundinnen ins Theater.
19. Obwohl meine Tochter krank ist, gehe ich heute Abend mit meinen Freunden in die Oper.
20. Das Wetter ist jetzt so schlecht, deshalb bleiben wir heute zu Hause und gehen nicht spazieren.
21. Papa sagt, dass wir an diesem Wochenende nach Amsterdam fahren.
22. Wegen des schlechten Wetters bleiben wir an diesem Samstag zu Hause.
23. Meine Miete ist sehr hoch, trotzdem bleibe ich in dieser Wohnung, weil sie so zentral liegt.
24. Als dich am letzten Wochenende sah, warst du sehr traurig.
25. Heute muss ich früher ins Bett gehen, weil ich morgen bereits um 8.00 Uhr einen wichtigen Termin habe.
26. Nachdem ich deine Einladung zur Geburtstagsparty bekommen hatte, war ich total glücklich.
27. Er hofft, dass er die Prüfung bestehen wird.
28. Nachdem ich die im Internet bestellten Schuhe anprobiert hatte, war ich enttäuscht.
29. Obwohl ich so müde bin, möchte ich heute Abend unbedingt noch etwas Schönes unternehmen.
30. Ich würde so gerne wissen, ob ich in diesem Jahr alles erreiche, was ich mir vorgenommen habe.
31. Ich hoffe sehr, dass alles, was ich mir vorgenommen habe, in Erfüllung gehen wird.
32. Obwohl ich mir so viel Mühe gebe, verstehe ich das Thema „Genitiv" nicht gut.
33. Meine Oma fragt mich, ob ich sie am nächsten Wochenende besuchen werde.
34. Ich weiß noch nicht, ob ich am nächsten Wochenende meine Großeltern besuchen werde.
35. Meine Chefin kann sicher sein, dass ich gut und fleißig arbeite.
36. Ich habe heute so viel Stress gehabt und bin so müde, deshalb gehe ich heute früher ins Bett.

Übung 31   Bilden Sie die folgenden Sätze mit „deshalb".

1. Ich habe am Wochenende Geburtstag, deshalb organisiere ich eine Geburtstagsparty.
2. Ich esse zu viel, deshalb bin ich dick.
3. Das Wetter heute ist herrlich, deshalb gehen wir in den Park.
4. Die Sonne scheint, deshalb gehen wir am Rhein spazieren.
5. Ich schreibe morgen einen Test, deshalb lerne ich heute den ganzen Abend.
6. Ich lebe in Deutschland, deshalb lerne ich die deutsche Sprache.
7. Ich hatte gestern einen wichtigen Termin, deshalb war ich nicht in der Schule.
8. Ich bin erkältet, deshalb kann ich heute nicht ins Büro kommen.
9. Wir feiern bald den Karneval, deshalb kaufe ich interessante Karnevalskostüme.
10. Ich habe Hunger, deshalb gehe ich in die Mensa.
11. Der Winter in Deutschland ist kalt, deshalb brauche ich eine warme Jacke.
12. Meine Freundin hat bald Geburtstag, deshalb brauche ich ein gutes Geschenk.
13. Ich habe Fieber, deshalb bleibe ich heute im Bett.
14. Ich mache viel Sport, deshalb habe ich einen muskulösen Körper.
15. Ich gehe fast jeden Tag ins Schwimmbad, deshalb bin schlank und durchtrainiert.
16. Ich mache jeden Tag Hausaufgaben, deshalb habe fast keine Probleme mehr mit der Grammatik.
17. Ich interessiere mich für deutsche Literatur, deshalb habe ich mehrere Bücher von Goethe zu Hause.
18. Ich bin so dick, deshalb mache ich ab Montag eine Diät.
19. Ich habe bald Urlaub, deshalb gehe ich ins Reisebüro.

Übung 32   Ergänzen Sie bitte das Relativpronomen.

1. Das ist die Frau, die ich gestern kennengelernt habe.
2. Das ist der Mann, der aus Bonn kommt.
3. Das ist das Kind, das immer weint.
4. Das ist das Haus, in dem ich wohne.
5. Das ist das Buch, das ich gestern gekauft habe.
6. Das Buch, aus dem ich diese Übung genommen habe, ist empfehlenswert.
7. Iryna ist die Frau, die aus der Ukraine kommt.
8. Peyman ist der Mann, der aus dem Iran kommt.
9. Ich sehe den Freund, mit dem ich gestern telefoniert habe.
10. Fatma ist die Schülerin, die immer lacht.
11. Nadine ist die Studentin, die sich für deutsche Geschichte interessiert.
12. Das Haus, in dem ich wohne, ist sehr groß.
13. Die Wohnung, in der Natalja wohnt, ist gemütlich.
14. Der ICE, auf den ich seit 20 Minuten warte, hat viel Verspätung.
15. Die Freunde, mit denen ich gestern telefoniert habe, wohnen in Dresden.
16. Das Auto, mit dem ich gerne fahre, gehört meiner Frau.
17. Der Film, von dem du mir erzählt hast, ist sehr interessant.
18. Das Hotel, in dem wir unseren letzten Urlaub verbrachten, ist luxuriös.
19. Das ist der Lehrer, der uns immer viele Hausaufgaben gibt.
20. Das ist der Lehrer, mit dem wir uns gern über die deutsche Kultur unterhalten.
21. Die Prüfung, auf die wir uns vorbereiten, ist sehr kompliziert.
22. Die Schule, in der wir Deutsch lernen, ist klein und gemütlich.
23. Das Thema, mit dem wir Probleme haben, heißt: Relativpronomen.
24. Der Urlaub, von dem ich so lange schon träume, findet im Oktober statt.
25. Die Stadt, in der wir wohnen, ist groß und schön.
26. Ich freue mich auf den Ausflug, den wir am Wochenende machen.
27. Der Palast, den wir gestern besichtigt haben, heißt „Justizpalast".
28. Das Schloss, das wir vorgestern besucht haben, heißt Linderhof.
29. Der Schriftsteller, über den ich eine Sendung gesehen habe, heißt Thomas Mann.
30. Die Arbeitsstelle, auf die ich mich bewerbe, ist sehr anspruchsvoll.
31. Der Karnevalsverein, in dem ich Mitglied bin, ist sehr alt.
32. Die Organisation, für die ich mich engagiere, kümmert sich um Obdachlose.
33. Der Mann, in den sie sich verliebte, heißt Klaus.
34. Der Nachbar, über den ich mich immer ärgere, wohnt im vierten Stock.
35. Nadine ist die Schülerin, die immer fleißig lernt.

Übung 33   Bilden Sie Sätze mit „dass" wie im Beispiel.

1. Unser Lehrer sagt, dass wir zu wenig lernen.
2. Mein Sohn sagt, dass er mich am Wochenende besucht.
3. Papa sagt, dass ich zu viel schlafe.
4. Mama sagt, dass ich sie zu selten besuche.
5. Es ist gut, dass wir bald Ferien haben.
6. Es ist gut, dass wir bald fertig sind mit unserem Deutschkurs.
7. Es ist gut, dass das Wetter heute so schön ist.
8. Es ist gut, dass wir am Wochenende in die Disco gehen.
9. Es ist gut, dass du fast keine Fehler mehr machst.
10. Es ist gut, dass du jeden Tag zum Sport gehst.
11. Es ist schade, dass das Wetter so schlecht ist.
12. Es ist schade, dass es heute so regnerisch ist.
13. Es ist schade, dass ich so wenig Zeit für meine Familie habe.
14. Es ist schade, dass die Luft in unseren Städten immer schmutziger wird.
15. Er sagt, dass er meine Hilfe braucht.
16. Ich hoffe, dass ich die Prüfung bestehe.
17. Ich hoffe, dass ich bald einen guten Job finde.
18. Ich hoffe, dass du mir helfen kannst.
19. Es ist großartig, dass unsere Fußballmannschaft gewonnen hat.
20. Es ist großartig, dass ich bald mehr Geld verdiene.
21. Es ist großartig, dass du ein tolles Jobangebot bekommen hast.
22. Ich befürchte, dass unser ICE über 30 Minuten Verspätung hat.
23. Ich befürchte, dass wir unseren Urlaub verschieben müssen.
24. Ich befürchte, dass nicht alle Schüler die Prüfung bestehen werden.
25. Es ist ganz toll, dass du mich am Wochenende besuchen kannst.

26. Es ist wunderbar, dass du mich endlich mal besuchst.
27. Ich denke, dass du ein guter Mensch bist.
28. Ich glaube, dass Frau Müller eine sehr sympathische Person ist.
29. Ich meine, dass ich Herrn Schmitz seit zwei Monaten nicht gesehen habe.
30. Ich glaube, dass dieser Mann Architekt von Beruf ist.
31. Ich hoffe, dass du mir behilflich sein kannst.
32. Er sagt, dass er an diesem Wochenende keine Zeit hat.
33. Es ist kaum zu glauben, dass du in der Lotterie gewonnen hast.
34. Ich hoffe, dass ich bald die deutsche Grammatik gut verstehe.
35. Ich glaube, dass ich diesen Mann schon mal gesehen habe.
36. Er sagt, dass er diesen Schauspieler nicht mag.
37. Ich glaube, dass ich dieses Lied schon mal gehört habe.
38. Ich glaube, dass ich diesen Film schon mal gesehen habe.
39. Es ist wunderbar, dass ich endlich mal alles verstehe.

Übung 34   Nominativ/Dativ/Akkusativ (Teil 2)

1. Er kommt aus dem Theater, aus dem Kaufhaus, aus der Schule, aus der Türkei, aus Spanien, aus der Ukraine, aus Bayern, aus der Slowakei, aus Tschechien, aus Frankreich, aus dem Iran, aus Polen, aus Indien.
2. Sie kommt aus Spanien, aus Magdeburg, aus der Mongolei, aus Niedersachsen, aus dem Irak, aus Köln.
3. Ich zeige das neue, interessante Buch auch meinem Bruder, meiner Schwester, meinem Sohn, meinem Vater, meinem Schüler, meiner Schülerin, meinem Freund, meiner Freundin, meiner Tochter, meiner Kollegin, meinem Chef und meinem Nachbarn.
4. Das ist mein Onkel und ich spreche mit meinem Onkel über das Wetter, über seine Frau und über seinen Job.
5. Nach dem Abendessen gehen wir ins Wohnzimmer zum Fernsehen.
6. Die Müllers gehen mit ihrer Tochter und mit ihrem Hund in den Park.
7. Sie gehen mit ihren Kindern und mit ihren Großeltern spazieren.
8. Das Buch liegt auf dem Tisch im Wohnzimmer.
9. Er arbeitet auf der Baustelle in der Nähe von Leipzig.
10. Du kommst aus der Slowakei und fliegst nach Spanien mit deinem Sohn und mit deiner Tochter.
11. Meine Brille liegt in der Tasche meiner Frau im Wohnzimmer.
12. Ich gehe jetzt mit meinem Freund ins Kino und danach zum Hauptbahnhof.
13. Du fährst mit dem Fahrrad und ich fahre mit dem Taxi.
14. Er telefoniert mit seinem Vater aus dem Büro und sein Vater telefoniert aus dem Krankenhaus.
15. Nach dem Büro fahre ich mit meiner Frau zum Kindergarten.
16. Ich gehe mit meiner Tochter und mit meinem Sohn zum Konzert.
17. Nach dem Abendessen gehen wir in die Disco und nach der Disco gehen wir ins Bett.
18. Meine Freundin kommt aus der Türkei und sie sagt, dass das Wetter in der Türkei immer gut ist.
19. Wir fliegen in die Slowakei. In der Slowakei ist das Wetter auch überwiegend schön.
20. Ich komme aus Spanien, Elisa kommt aus Italien und Özlem kommt aus der Türkei.
21. Ist das Wetter in der Türkei auch immer gut? – Ja, in der Türkei ist das Wetter immer gut.
22. Die Familie Schmitz kommt aus Deutschland und die Familie Bürlikofer kommt aus der Schweiz.
23. Die Vase steht auf dem Tisch, auf dem Boden, unter dem Tisch, auf der Kommode.
24. Die Tasche liegt auf dem Tisch, auf dem Boden, unter dem Tisch, auf dem Sofa, auf dem Sessel, auf der Konsole.
25. Ich lege das Handy auf den Tisch, auf den Boden, in die Tasche, in den Schrank.
26. Meine Kreditkarte liegt in der Tasche, in der Schublade, auf dem Tisch, auf dem Nachttisch.
27. Ich lege meine Kreditkarte auf den Tisch, in die Tasche, auf den Nachttisch.
28. Mein Schlüssel liegt in der Tasche, in der Schublade.
29. Ich lege meinen Schlüssel in die Tasche, in die Schublade, auf den Tisch.
30. Der Hund liegt auf dem Sofa, auf dem Bett, im Bett, unter dem Sofa.
31. Meine Wohnung hat einen Balkon.
32. Nahe bei meinem Haus ist ein Garten mit einem Schwimmbad.
33. Ich fahre mit meinem Auto in die Schweiz und Tarkan fliegt mit dem Flugzeug in die Türkei.
34. Wir sprechen mit unserer Nachbarin und mit unserem Hausmeister über unseren neuen Nachbarn.
35. Ich hänge das Bild an die Wand und mein Foto hängt jetzt schon an der Wand.
36. Ich hänge den Zettel an die Tür und mein Name steht an der Tür.
37. Wir fliegen mit dem Flugzeug nach Spanien zu unserem Onkel Carlos.
38. Er spricht mit seinem Lehrer in der Schule.
39. Ich sehe meine Lehrerin dort drüben im Park.
40. Wir telefonieren mit unserem Onkel und mit unserer Tante.
41. Die Post befindet sich gegenüber dem Rathaus.
42. Ich wohne gegenüber dem Kölner Dom.
43. Ich komme deinem Wunsch entgegen.

Übung 35   Ergänzen Sie mit Präpositionen.

1. Die Praxis des Herrn Dr. Strobel spezialisiert sich auf Herzerkrankungen.
2. Ich weiß ganz genau, dass ich mich auf meine Nachbarn immer verlassen kann.
3. Über das wechselhafte Wetter in Köln kann man sich nur wundern.
4. Er streitet sich jeden Tag mit seiner Frau.
5. Wir diskutieren mit unserem Lehrer jeden Tag über die deutschen Traditionen.
6. Ich verzichte auf das fettige und ungesunde Essen.
7. Ich sehne mich nach meiner Heimat.
8. In unserem Treppenhaus stinkt es immer nach Haustieren.
9. Der Cocktail besteht aus Bananensaft, Kirschsaft und aus Wodka.
10. Meine Eltern haben mich öfter vor diesen Freunden gewarnt.
11. Die Knirscherschiene schützt unsere Zähne vor dem Knirschen.
12. Marianne interessiert sich für deutsche Volksmusik.
13. Ich diskutiere ungern mit meinen Studenten über die Währungspolitik der EU.
14. Ich habe gestern einen interessanten Film gesehen, in dem es um die deutsche Wiedervereinigung ging.
15. In diesem Buch geht es um die Geschichte der DDR.
16. Mein Arzt sagt, ich muss auf alkoholische Getränke verzichten.
17. Diese leckere Suppe riecht nach Spargel.
18. Brigitte hat an der Universität von Dresden studiert.
19. Ich sehne mich nach meinen Großeltern.
20. Unsere Firma spezialisiert sich auf Werbung.
21. Angela wundert sich über ihren älteren Bruder, der immer so laut Musik hört.
22. Die Mitglieder des Rates der Stadt Bonn unterhalten sich in der heutigen Sitzung über die Neugestaltung des Bahnhofsvorplatzes.
23. Meine Eltern diskutieren schon wieder über ihren nächsten Sommerurlaub.
24. Ich erwarte von meinem Mann volles Verständnis.
25. In diesem Bericht geht es um die Migrationspolitik.
26. Dieser leckere Salat duftet nach Parmesan.
27. Gabriel bewirbt sich um eine neue Arbeitsstelle.

Übung 36   Ergänzen Sie die Artikel im Nominativ, Dativ oder Akkusativ.
   Vergessen Sie nicht, sich vorher die richtige Frage zu stellen: „wo?" oder „wohin?"

1. Das Buch liegt auf dem Tisch. Ich lege das Buch auf den Tisch.
2. Der Hund liegt unter dem Tisch. Ich lege den Hund unter den Tisch.
3. Die Vase steht auf dem Tisch. Ich stelle die Vase auf den Tisch.
4. Die Blumen stehen in der Vase. Ich stelle die Blumen in die Vase.
5. Das Handy liegt auf dem Tisch. Ich lege das Handy in die Tasche.
6. Die Brille liegt auf dem Regal. Ich lege die Brille in die Schublade.
7. Der Lippenstift liegt auf dem Nachttisch. Ich lege den Lippenstift in die Tasche.
8. Die CD liegt auf dem Schreibtisch. Ich lege die CD auf den Esstisch.
9. Das Bild hängt an der Wand. Ich hänge das Foto an die Wand.
10. Das Plakat hängt an der Wand. Ich hänge die Wohnungsanzeige an die Wand.
11. Die Katze liegt auf dem Sofa. Ich lege die Katze auf den Boden.
12. Ich stelle das Sofa an die Wand. Das Sofa steht neben der Wand.
13. Ich hänge unser Familienfoto an die Wand. Unser Familienfoto hängt an der Wand.
14. Ich stelle die Schuhe vor die Tür. Die Schuhe stehen vor der Tür.
15. Mein Terminkaleder liegt auf dem Schreibtisch. Ich lege meinen Terminkalender auf den Schreibtisch.
16. Der Schlüssel steckt im Schloss. Ich stecke den Schlüssel in das Schloss.
17. Meine Fahrkarte liegt auf dem Kühlschrank. Ich lege meine Fahrkarte in die Schublade.

Übung 37   Ergänzen Sie die Sätze wie im Beispiel:
   Mit welch**em** Freund sprichst du? – Mit dies**em**.

1. Mit welchem Mann telefonierst du? – Mit diesem.
2. Welchem Mann hast du dein Handy gegeben?- Diesem.
3. Aus welchem Land kommst du? – Aus diesem.
4. Mit welcher Kollegin telefonierst du?- Mit dieser.
5. In welcher Stadt wohnst du?- In dieser.
6. Über welchen Film sprichst du?- Über diesen.
7. Über welchen Freund ärgerst du dich?- Über diesen.
8. Mit welchem Bus bist du gekommen? – Mit diesem.
9. Welches Auto hast du?- Dieses.

10. Aus welcher Stadt kommt dein Schwager?- Aus dieser.
11. Welcher Freundin schenkst du diesen wunderschönen Blumenstrauß? – Dieser.
12. Durch welchen Park gehst du öfter nach Hause?- Durch diesen.
13. In welchem Semester studierst du? –Im fünften.
14. Mit welcher Fluggesellschaft fliegst du? – Mit dieser italienischen.
15. Gegenüber welcher Bank befindet sich dein Büro? – Gegenüber dieser großen, modernen Bank.

Übung 38   Setzen Sie die passende Form von „mögen" / „wollen" / „können" etc. ein.

1. Jetzt mag ich Nudeln nicht mehr, früher mochte ich Nudeln sehr gern.
2. Als ich ein Kind war mochte ich laute Musik, jetzt mag ich leise entspannende Melodien.
3. Ich hatte gestern leider keine Zeit für meine Familie, ich musste leider arbeiten. Heute muss ich Gott sei Dank nicht arbeiten, heute habe ich Zeit für meine Lieben.
4. Kannst du heute Abend zu mir kommen und mir helfen? – Nein, heute kann ich nicht kommen, ich muss heute bis 21 Uhr arbeiten. Gestern konnte ich machen, was ich wollte, aber heute kann ich leider nicht.
5. Vor 25 Jahren mussten wir ein Visum haben, um nach Portugal zu fliegen, heutzutage dürfen(können) wir ohne Visum in alle EU-Länder reisen. Für die USA müssen wir ein Visum haben.
6. Ich wollte gestern Abend mit meinen Kumpels ins Kino gehen, aber ich konnte nicht, weil ich arbeiten musste.
7. Heute habe ich Zeit und ich möchte (will) mit dir etwas Schönes unternehmen.
8. Ich wollte am letzten Wochenende meine Eltern besuchen, aber ich konnte nicht, weil ich keine Zeit hatte.
9. Möchten Sie noch eine Tasse Tee? – Herzlichen Dank, ich möchte lieber ein Glas Wasser.
10. Als Jugendlicher musste ich immer viel lernen und ich konnte leider nie mit meinen Freunden in die Disco gehen.
11. Liebe Mutti, entschuldige, ich wollte dich gestern Abend anrufen, aber ich habe es vergessen.

Um Ihre Schreibkompetenz weiter zu festigen, empfehle ich Ihnen folgende Bücher von mir:

Dr. Illya Kozyrev

Verlag: Books on Demand; 2. Auflage (Januar 2019)
ISBN-13: 9 783 752 831 948

Briefe schreiben
Deutsch als Fremdsprache
Übungen für A2 und B1

Dr. Illya Kozyrev

Verlag: Books on Demand; 1. Auflage (Oktober 2018)
ISBN-13: 9 783 748 111 979

Briefe schreiben – Teil 2
Deutsch als Fremdsprache - Übungen für A2 und B1

Dr. Illya Kozyrev

Verlag: Books on Demand; 1. Auflage (Mai 2018)
ISBN-13: 9 783 752 862 973

Briefe schreiben B1 und B2
Deutsch als Fremdsprache
Übungen für Integrationskurse